清ルミ

ナイフとフォークで冷奴

外国人には理解できない日本人の流儀

太陽出版

まえがき

最近、外国人とおつき合いのある方がとても多くなりました。仕事や勉強など、目的はそれぞれですが、海外で生活する方も増加しています。それだけでなく、日本国内で外国人と交流を持つ方の数も急激に増えているようです。

外国人とのコミュニケーションで、ことばは通じているのに〝ことばではない何か〟がしっくりこない……そんな経験はありませんか。良い関係が築けているはずなのに、外国人があなたの思いもしない行動に出て、「えっ、どうして？」と立ち止まってしまったことはないでしょうか。もしかすると、相手の外国人の方も、あなたの行動を見て、「なぜそんなことするの？」と戸惑っているかもしれません。

前著『優しい日本語』は、90カ国の外国人に日本語や日本文化、日本人について教えてきた経験から、外国人の眼を通して見た日本人の性質について、日本語を切り口にまとめました。その中で、外国人と日本人の習慣の違いについても多少触れたのですが、「こういうことば以外の違いや共通点についてもっと知りたい」という読者の方々からのお声をたくさん頂戴しました。

そこで、この本では、「ことばにならない文化や習慣の違い」について語ってみようと思います。人は誰でも自分の属する文化のモノサシを持っています。そして、そのモノサシに合わない行為や価値観に出会うと、「これはモノサシに合わない非常識なもの」と決めつけてしまいがちです。しかし、本当はそんな時こそ、自分がどういうモノサシを持っているのかを客観的に見つめる絶好のチャンスだと思うのです。

本書では、日本人の感覚からみて「常識」と思うことが他の国の人には「常識ではない」ということを、私自身の体験やエピソードを絡めて皆さんにご紹介したいと思います。国民性の違いを楽しんでいただいたり、国際感覚を養っていただくためのお手伝いができれば、大変うれしく思います。

なお、この本では便宜上、「日本人」とは国籍に関係なく「日本で生まれ育った人」のことを、「外国人」とは国籍に関係なく「日本以外の国で生まれ育った人」のことを指します。あらかじめご了承ください。

目次

第一章

所変われば「食」変わる

第二章

物にモノ申す

第三章

外国人泣かせの日本の流儀

第四章

日本人の"当たり前"は世界の"?"

第五章

世にも不思議な日本人

イラスト　宇田川のり子
装幀　津嶋佐代子
編集協力　(有)21世紀BOX

第一章

所変われば「食」変わる

どんぶりものと箸

どんぶりものの食べ方や箸の使い方にも、それぞれの国で流儀がある。日本流と韓国流では食習慣の違いで行儀作法もまったく違ってくる。

韓国料理といえば、日本では焼き肉が有名です。日本の焼き肉レストランに行くと、ビビンバという、ご飯の上にいろいろな野菜が乗っているどんぶりものがあります。もうだいぶ前のことですが、韓国の空港でこんな光景を目にしたことがあります。ビビンバを食べていた日本人観光客のところへ親切な韓国人が走り寄りました。そして、すかさずその日本人観光客の手からスプーンを取り上げると、「これはこうやって食べるんだ」と、コチジャンをスプーン山盛りにとってどんぶりの中に入れ、どんぶりを勢いよくかき混ぜてみせたのです。スプーンを取り上げられた日本人観光客は、「全部混ぜるなんて何て汚い食べ方」というように顔をしかめて見ていました。

韓国料理がこれだけ浸透した今では、ビビンバをかき混ぜずに食べる人は日本でももういないでしょう。ところが当時は、日本人はかき混ぜないで食べていたのです。それというのも、親子丼やカツ丼といった日本のどんぶりものは、かき混ぜずに、ご飯の上に乗っているものとご飯をそのまま交互に食べるからです。その習慣のまま食べると、ビビンバもかき混ぜずに食べてしまうのです。

その反対に、韓国から初来日した短期留学生が親子丼を注文し、食べ始める前にかき混ぜたのを見たことがあります。同席していた日本人はその様子をあっけにとられて見ていました。韓国と日本のどんぶりものの食べ方の違いが、互いに顔をしかめ合うような誤解を生み出していたわけです。

こういった食習慣の違いは、共通点がある国同士の場合、共通点の陰に隠れてしまって異なる点が見えにくいという傾向があります。

たとえば「箸」がその例です。

日本では箸でご飯も汁物も食べますが、同じコメ文化の韓国では、箸はおかずをつまむためのもので、ご飯はスプーンで食べます。箸の形も日本の方が太くて短く、韓国の箸は細長いものです。

また、材質も異なります。日本の箸は木製が多いですが、韓国では金属製がほとんどです。これは、かつて韓国の王室で、毒が盛られた場合に変色してわかりやすいという理由から銀が使われた名残りです。

さらに日本と韓国では、テーブルセッティングの方法も食事のマナーも異なります。日本では箸を〝座っている人の前に水平〟に置きますが、韓国では〝座っている人に対して垂直〟に置きます。中国も同じです。

韓国に嫁いだ日本人女性の田中さんは、韓国人の夫の両親と同居し始めたばかりの頃、日本の習慣通りに箸を自分に対して水平にテーブルに並べたそうです。すると、お姑さんが後ろから黙って韓国式に垂直に置き直したそうで、その無言の叱責がつらかったと言っていました。

韓国人女性の金さんも同じような目にあった一人です。

金さんは、海外赴任で韓国に来ていた日本人男性と、韓国で結婚しました。子供が2歳になったとき、日本に戻ることになったご主人と一緒に来日し、住む家が見つかるまでの間、ご主人の両親の家に居候しました。

数週間経ったある日の食事時、お姑さんが子供に「お茶碗を持って食べなさい。行儀が悪いよ」と注意しました。それを聞いて、その晩、金さんは悲しくて泣いたそうです。

日本では、茶碗を持ち上げずにご飯を食べるのは行儀の悪いことですが、韓国と中国ではその逆で、食器を持ち上げて食べるのは行儀が悪いことなのです。それゆえ、金さんも子供も韓国風に持ち上げないで食べていました。日本ではマナーが逆だということを知らなかったのです。

金さんが泣いた理由はもう一つあります。

「子供には注意してくれるのに、私には注意してくれなかった」ということです。金さんは、「夫のお母さんは近い関係の家族。私が恥ずかしいことをしたら、お母さんは注意して教えてくれるはず。注意してくれないなんて、お母さんは私のことを大切に思ってくれていないのだ」と受け取ったのです。

韓国では、日本に比べ、相手のために良かれと思うことははっきり相手に伝える傾向があります。しかも、同居の嫁は最初から「ウチ」の人間として扱われます。姑から見て嫁は目下なので、儒教精神が生きている韓国では注意しやすい存在ととらえるのです。

一方、日本人のお姑さんの立場からすると、血がつながった孫は「ウチ」の人間として、日本の食習慣上のマナーに反していることを注意しやすい存在だったのでしょう。それに比べ、異国から来た嫁はまだまだ「他人」で、「ソト」や「ヨソ」の人間に対する遠慮が働いて、直接的には注意しにくかったのだろうと思います。

お姑さんとすれば、孫を注意することで、間接的に嫁にも注意しているのですが、そのような日本人の遠慮や婉曲的なメッセージの伝え方は、韓国人には理解されにくいのかもしれません。

「これ以上食べられません」

食べ物を残すのは行儀が悪いとしつけられる日本。感謝を示す礼儀として全部食べずに残す中国。食に対する感謝の示し方にも違いがある。

日本人男性の野田さんは、日本に留学中の中国人女性・陳さんと結婚することになりました。

陳さんの両親に挨拶するために初めて中国に行ったときのことです。陳さんのお母さんは、初対面である娘のフィアンセのために、たくさんご馳走を作ってもてなしてくれたそうです。お父さんも、「どうぞどうぞ」と野田さんのお皿に自分の箸で料理を取り分けて歓待してくれました。中国では客をもてなす際、主人が自分の箸で客に料理を取り分けるということを本で読んだことがあったので、お父さんの箸で取り分けられた料理を野田さんは不快には思わなかったそうです。

野田さんは、途中でお腹がいっぱいになりましたが、お母さんの心づくしの料理を残しては悪いと思い、無理をして全部食べたそうです。ところが食べ終わるとすぐ、お母さんは台所に下がって行き、別の料理を出してくるのです。野田さんは、第一印象を悪いものにしたくないと、胃の痛みをこらえながら、無理やり料理を口に押し込みました。

しかし、とうとう最後に、「すみません、残してしまって。本当にお腹が一杯で、もうこれ以上一口もいただけません」とお母さんに心から謝ったそうです。それを聞いて、お父さんもお母さんもとても満足そうに笑ったということでした。

中国では、たくさんご馳走になったことに感謝を示す礼儀として、出された料理は全部食べずにお皿に少し残します。韓国や中国の影響を受けた東アジア、東南アジアの国々でも同じようにするところがあります。

一方、日本では、食べ物を残すのは行儀が悪いとされ、残さず食べるよう子供の頃からしつけられます。私の勤務校の日本人学生に聞くと、98%の学生が、茶碗にご飯粒が残っていると「目がつぶれる」とか「作っているお百姓さんに悪い」と言われた経験があると言います。残さずに食べることで、食そのものと作ってくれた人への感謝の気持ちを示すのです。

野田さんは、日本のマナー通りに、残しては失礼だと思って無理に食べたのですが、中国人のお母さんは、野田さんが全部食べてしまうので、まだ満足しないのかと思って次から次へと料理を出したのです。

こういった考え方は、その国の挨拶などにも表れます。

イギリスやアメリカなどでは、人と会ったときは「How are you?」（お元気ですか）と挨拶しますが、日本では、「暑いですね」のように天候について挨拶を交わします。

もともと農耕文化であった日本では、天候のことが一番気がかりだったということが挨拶表現にも表れています。

「ご飯食べた?」「ご飯はもう済みましたか?」

このような挨拶は、中国と中国の周辺のアジアの国々（マレーシア、フィリピン、シンガポールなど）でよく聞かれます。

この挨拶表現には、これらの国々では、かつて十分な食料が手に入らなかった時代があったことを反映していると言われています。そう考えると、客を食べきれないほどの食料でもてなす土地柄の所以が偲ばれます。

冷や飯を食わせる

日本人にとってはご馳走でも、中国系の人にとっては粗末な食べ物になってしまうことも。食文化の違いが生み出すすれ違いとは……？

台湾からの視察団の一行が、九州のとある空港に到着したのは午前11時頃でした。初来日の年配者ばかりの一行を手厚く出迎えようと、受け入れ側の地方自治体も横断幕を作って歓迎しました。双方の顔合わせのための会議が午後1時に始まるので、その前に腹ごしらえをしてもらおうと、受け入れ側では、会議会場に着いてすぐ幕の内弁当とペットボトル入りのお茶を一行に配りました。

ところが、そこでブーイング。

「歓迎と横断幕に書いてあったのに、冷や飯を食わせるとは何事だ」

「冷めたお茶を出すなんて」

その自治体の担当者は冷や汗をかいたとのことです。

中国系の人たちは、食事は温かいものがご馳走で、冷や飯は身分の低い人の食べ物だととらえます。日本に留学している台湾の学生から、「寿司折をもらったが、食べ方がわからなかったので、とりあえず電子レンジでチンして食べた」という話を聞いたことがあります。もっとも最近では、中国や台湾でも寿司ブームでマグロの刺身が売れているそうですが、寿司や刺身以外の冷たい食べ物は受けつけないようです。

私も失敗した経験があります。日本に住んでいる中国人の友人がいて、ご両親が初めて来日したというので、自宅に招待し、純日本風のものがいいかと懐石料理を作って出してしまったのです。

季節は初夏でした。鮎形にくり抜いた煮物や葛で紫陽花をかたどった冷たい前菜を漆器の盆に並べて出しても、彼らは「きれいだ」とは言うものの決して箸をつけようとはしませんでした。12品ほど出したのですが、彼らが食べたのは温かい椀物だけでした。

そんなこともあってか、台湾からの観光客が多い石川県では、いままで旅館で出していた定番の懐石料理をやめ、固形燃料でその場で温められる鍋料理中心のメニューに切り替えたところもあるそうです。

また、日本に嫁いだ娘に会いに台湾から福島県までやってきた年配の夫婦は、昼食に蕎麦屋に連れて行かれて憤慨したそうです。

「せっかくはるばる来た老人に、こんな粗末な雑穀を食べさせるとは」と。

連れて行った人は、会津特産の上質の蕎麦粉を使った手打ち蕎麦を振る舞おうと思ったようですが、貧しい時代を生きた世代の人にとっては、蕎麦は確かに雑穀で、贅沢なご馳走ではなかったのです。

何がご馳走なのか、何が好まれるのか、相手の国の食文化を知らないと、日本人の感覚でよかれと思ってしたもてなしも、思わぬ裏目に出てしまうこともあるのです。

こんなもの食えるか！
ひどいっこんな仕打ち…
ボ、ボクたちのどこがいけないの？
茶

酒宴は大勝負

接待の流儀もそれぞれの国で違いがある。日本流の接待をしたばかりに、ときにはそれで相手に恥をかかせてしまうことも……。

中国の会社と取引を始めた輸入業社長の松本さん。先方の王社長とその部下の劉氏が来日した夜、王社長の好物だと聞いていた寿司割烹で接待しました。別会社を経営しているという王社長の弟さんも違う用事でちょうど来日中とのことで、その弟さんも同行していました。部下の劉氏は日本に留学した経験があり、日本語が堪能だったため、会話はほとんど劉氏の通訳を介して行われました。

いい調子でお酒が進み、接待は大成功かと思いきや、翌日から先方の王社長の態度が急変。「何か失礼なことをしたのだろうか」と松本さんは前夜のことを思い返すのですが、何も思い当たることがありません。

そこで、松本さんは、同席した自分の部下に、劉氏と個人的に会って探りを入れるよう指示しました。劉氏が親日派で、率直に話をしてくれる人だったので、彼からの情報に望みをかけたのです。劉氏から得た情報は次のようなものでした。

まず、中国では、客をもてなす際に一番大切なことは、「出迎えと見送り」だということです。

松本さんは、王社長より先に割烹に到着していたのですが、割烹の入り口で王社長を出迎える役目は部下2人に任せてしまいました。また、王社長の弟さんが宴会途中で先に帰ったのですが、割烹を出るとき、松本さんは弟さんを外まで見送りませんでした。王社長の弟さんは松本さんの方から招待したわけではなかったので、そこまでする必要はないと判断したのです。

中国では招待者が見送ろうとすると、客は「どうぞ、そのまま宴会を続けてください」と何回か遠慮するそうですが、遠慮しながらも見送られるとのことです。また、血縁を重んじる中国人にとっては、主賓の弟も主賓同様に大事に扱われて当然なのです。

また、松本さんは、王社長にお酒を勧められ、強くないにもかかわらず無理をして飲んだため、腰が立たないほど酔っていたようです。中国では酒宴で乾杯を重ね、相当なピッチで強いお酒を飲み干しますが、お酒に強くない人は、無理をしないで「飲めない」とはっきり断り、ソフトドリンクに切り替えてしまってもまったく問題ないのです。

日本では「酒の上のことだから」という口実が通用し、酒宴での醜態はある程度許されるのですが、中国では逆です。「お酒に呑まれるような人はビジネスでも信頼できない」と判断されるようです。

その上、中国では、招待者が率先して客に料理を取り分けたり勧めたりするのですが、松本さんはそれをせず、日本人の習性通りに仲居さんに任せっぱなしにしたのでした。それで、王社長たちはいつ口をつけていいのかタイミングが見計らえず、歓待されている気分にならなかったようです。

酒宴の席で、相手の分を支払ったために取引先の中国人を怒らせてしまい、まとまる商談もまとまらず失意のまま帰国した日本人もいます。

中国に初めて出張した山本さんは、到着した日、日本から同行した部下2人と取引先の中国人2人と宴会を開きました。相手の中国人は以前から商品を買ってくれている得意先なので、山本さんは当然自分たちの方が接待すべきだと判断し、先に支払いを済ませておきました。宴会は大いに盛り上がり、大きな笑い声がこだましました。「これなら仕事の話もうまく進むぞ！」と山本さんは心の中で小躍りしました。

ところが、いざお開きという段になって、すでに支払いが済んでいることを知った中国人が烈火のごとく怒り始めたのです。

「私に恥をかかせる気か！　余計なことをしおって！」と。

この場合、相手の面子を重んじて、山本さんたちがご馳走になる方が中国式には礼にかなっていたわけです。山本さんとすれば、日本流の接待術に則って、自分たちが取引先の分も支払うのが当然と思ってした行為が見事に裏目に出てしまったわけです。

このように〝ご馳走する、される〟という接待の基本ルールにおいても、それぞれの国で違う流儀があるのです。相手を接待するときは、相手の流儀を事前に調べておくことが大切なのですね。

ご馳走になる？　割り勘にする？

支払い方法にもそれぞれの国の習慣がある。場面と状況で対応を変える日本人の習慣は、外国人には難しいようで……。

半年前に来日した韓国人女性の朴さん。彼女のアルバイト先のスーパーでは、1カ月に1回、パートの仲間同士でカラオケに行くのだそうです。

そこで、朴さんがいつも不思議に思うのは、お金の支払い方。

「毎月だいたい同じメンバーで行くのだから、誰かがまとめて皆の分を払えばいいのに。韓国ではそうするのに」と思うそうです。パートの仲間が割り勘で1円の単位までキッチリ分けて払うのを見ると、「日本人はお金に細かくてケチだなあ」と嫌な気持ちになり、せっかく楽しく盛り上がる飲み会なのに、毎回後味が悪いというのです。

もっとも最近では、韓国でも英語の「ダッチペイ」に当たる訳語が使われたり、日本語の「割り勘」ということばがそのまま使われたりして、若い人の間では割り勘にする習慣が少しずつ生まれているようですが、40代の朴さんには馴染めないようです。

中国人男性の高さんからも同じような不満を聞きました。

お子さんが通う学校のＰＴＡの会合で父母同士が仲良くなり、会合の後でレストランやビアガーデンに行ったりするのだそうです。中国だったら、「支払いは自分がする」と互いに言い合いになったり、トイレに行くふりをして他の人にわからないように先に支払いを済ませてしまう人がいたりするのだそうですが、その集まりは常に割り勘とのこと。「中国人は面子を大事にする。皆の分を払うことで面子が保たれた気分になる。今回自分が払えば、次は他の人が払ってくれるだろうと期待もする」と高さんは言います。割り勘にされると、「つき合いはこれっきり」と言われたようで寂しくなるのだそうです。

そんな朴さんと高さんが口を揃えて言う「日本で一番閉口したこと」は、残業の後、日本人の上司に誘われて一緒に夕食を食べに行ったときのこと。

上司に誘われて行ったにもかかわらず割り勘だったそうです。韓国や中国では誘った側が払い、目上や年上が一緒の場合、「目上や年上が払うものだ」という暗黙の了解があるからです。

そういえば、中国人から「日本では、良いレストランほど勘定書きを裏にしてテーブルに置くけど、どうして」とよく聞かれます。

日本人の感覚では、ご馳走しようと思っている場合など、金額を相手に知られない方が美徳だと考えます。ところが、中国では誘った方か目上の人が払うことになっているので、金額を見て、「その金額が高いか安いか」という類の話を一緒にしてもまったく問題ないと考えるようです。

日本でも、上司から飲みに誘われた場合など、上司が払ってくれることもあります。デートの場合も、学生のカップルは割り勘が多いようですが、社会人は食事代を男性が持ち、喫茶代は女性が払うというように、男性の方が多く負担するようです。宴会でも、男性5千円、女性3千円と会費に差をつけて、女性の負担を軽くするケースも見られます。

このように、日本でも、中国、韓国ほどではありませんが、儒教の影響が多少残っていて、年長者や男性がより多く負担する面も見られます。

場面と状況によって対応を変える日本人の支払い方法は、ますます外国人を混乱させてしまうことになります。彼らにとって、その場の成り行きと人間関係をよく観察し、臨機応援な対応をしなければならないのは難儀なことなのです。

また、日本では、同僚と一緒にランチを食べる場合でも、誰か一人が皆の分を払うということも、頭数の均等割りもしません。それぞれが自分の注文した分だけ払います。その方が互いに気を使わずに済みますし、おごられることで心理的に負担を感じる必要もないので気が楽なのです。

スウェーデンも日本と同じように自分の食べた分だけ払い、頭数での均等割りはしないようです。

しかし、同じヨーロッパでも、オーストリアやスロベニア、また一部の南ヨーロッパでは、一緒に食事をしたときに割り勘にせず、誰かがまとめて払うという習慣があるようです。南米のチリでも同じです。

一方、イギリスやオーストラリアのパブは、その都度カウンターに飲み物を買いに行き、セルフサービスでテーブルまで飲み物を持ってくるシステムです。そこでは、同じテーブルで一緒に飲んでいる人全員の１ラウンド分の飲み物を一人が買い、次のラウンドは別の人が買うという、交代で支払う習慣があるようです。こういう場所での割り勘はあまり見られません。

ところが、こういったラウンド持ち回り制を知らない日本人は、いつまでたっても人に支払ってもらう一方で、陰でひんしゅくを買っているようです。

日本人が陰でひんしゅくを買っている例は他にもあります。

たとえば、誕生日の祝い方にまつわるこんな話。誕生日を祝う方法も国によってさまざまです。

日本では、誕生日は人から祝ってもらうものですが、誕生日を迎えた本人が感謝の気持ちからケーキを用意したりパーティを開くという国が実は多いのです。ヨーロッパではドイツ、イタリア、オランダ、フランスなど、アジアではタイ、フィリピン、マレーシアなどがそうです。

タイに駐在したある日本人商社マンは、日本では部下がケーキを買ってきてくれたのに、タイでは周りが祝ってくれないと愚痴をこぼしていました。反対に、彼の周りのタイ人は、彼が一度もパーティを開いてもてなしてくれないので、陰で「ケチな日本人」と悪口を言っていたようです。

同様に、退職する際、日本では、部下たちが花束や餞別を用意して退職者をねぎらいますが、ドイツやオーストリア、スイスの一部では、退職する人自身がケーキを持参して、同僚たちに「今までありがとう」と振る舞います。

そういう習慣に気づくことなく2年間のドイツ生活にピリオドを打った日本人支社長は、出社最後の日に誰も何もしてくれなかったことを今でも寂しく思っているようですが、逆にドイツ人の部下たちからすれば、きっと「あの日本人の支社長は最後に何もしてくれずに帰っていった」と内心あまり快く思っていないはずです。

ご馳走になるのか？　割り勘か？　自分が振る舞うのか？　振る舞われるのか？　支払い方法や祝い方ひとつ取ってもその国の習慣があるので、頭を悩ませるところです。

お酒を注ぐのは女性？

レディファーストの文化がなかなか浸透しない日本では、さまざまな場面で外国人女性を不快にさせることがある。

仕事柄、パーティに出る機会が多くあります。日本側が主催者で、複数の外国人をゲストとして招く歓迎会などに出た場合、困惑することがあります。特に立食スタイルで、小テーブルを囲んで数人で自由に歓談するパーティ形式のときです。

それは、日本では、「女性が男性にお酒を注ぐことを当り前だ」と思っている人が多いということです。一緒にテーブルを囲んでいる日本人男性のほとんどが、自分のグラスが空くと、暗に私にお酌を期待します。目の前にビール瓶が並んでいても、決して自分で注ごうとしません。

ところが、ヨーロッパやロシア、ヨーロッパ諸国の影響を受けたオーストラリアやニュージーランド、南米などの国々では、フォーマルな席では女性は男性にお酒を注ぎません。それは男性の役割なのです。男性にお酒を注ぐ女性はいわゆる「プロ」と見なされてしまいます。

ワインの場合は、ワインクーラーのある場所までこまめにグラスワインを取りに行くのも男性です。たとえば私が白ワインを飲んでいて、もう少しで飲み干すというタイミングになると、外国人男性なら「もう少し白ワインを召し上がりますか、それとも赤ワインをお持ちしましょうか」といった具合に、私のグラスが空にならないように気を配ってくれます。「相手の女性のグラスが空のままなのは男の恥だ」と彼らは言います。

そのような習慣を持つ外国人と、女性がお酌をすることを当然視する日本男性が同じテーブルに居合わせた場合、私は、そのパーティのゲスト側の文化に沿ったマナーに準じることにしています。

お隣の韓国でも、学生間のカジュアルな集まりは別として、社会人の集まりでは、良家の子女は人前で自分の家族以外の男性にお酌をしません。そういう習慣を知らない日本人男性が韓国に出張して、先方の韓国人女性社員にお酌を強要し、「私は父と兄以外の男性にはお酌はしません!」ときっぱり断られている光景を目にしたことがあります。

男性の役割はお酌だけではありません。クロークで女性のコートの着脱に手を貸したり、コートを預けたり取ったりする管理も男性がします。

また、ヨーロッパを中心としたレディファーストの文化がある国では、女性が部屋に入ってきたときや、同じテーブルに座っている女性が立ち上がろうとしたときなど、男性は必ず立ち上がります。

ジュリア・ロバーツとリチャード・ギア共演の『プリティ・ウーマン』という映画の中にも次のようなシーンがあります。

舞台はアメリカのハリウッドでしたが、リチャード・ギア扮するエドワードがジュリア・ロバーツ扮するビビアンを同伴して、仕事敵の男性2人と食事をするシーンがあります。テーブルについたばかりのビビアンがトイレに行こうとして立ち上がったとき、同席していた3人の男性が一斉に立ち上がるのです。

私にもこんな経験があります。初対面の日本人男性3人と喫茶店で仕事の打ち合わせをしたときのことです。私は先に失礼しなければならない用があり、席を立ちました。その途端、一人の男性がさっと立ち上がり、私がドアを出て行くまでそのままの姿勢で見送ってくれました。その男性は、10年間ドイツで仕事をして帰国したばかりだということでした。日本で日本人男性にこのようにしてもらったことは初めてでしたので、今でも記憶に焼きついています。

逆にレディファーストの文化圏から来日した人が、困惑する出来事もあるようです。「日本でエレベーターに乗るたびにとても不愉快になる」とこぼすのは、イタリア人女性のクリスさん。エレベーターの前で先に待っているにもかかわらず、後から来た日本人男性たちがクリスさんより先にエレベーターに乗り込んでしまうというのです。「この国にはレディファーストがないどころか、すでにファーストにいるレディさえ後にさせる！」と憤慨しています。

アメリカ人男性のジョンさんも同じようなことを言っています。

エレベーターの前に日本人カップルがいると、女性を先に乗せなければという気持ちが自然に働いて、ドアが開いた途端、反射的に「お先にどうぞ」とカップルの女性の方に言ってしまうのだそうです。そうすると、日本人の場合、カップルの男性の方も女性と一緒に先にエレベーターに乗り込むので、「僕はホテルマンか。実に不愉快」という気持ちになり、先を譲ったことを後悔することしばしばなのだそうです。

こういう場合、自分と一緒にいる女性のために先を譲られた男性は、譲ってくれた人に対して、お返しに「どうぞお先に」と先を進めるのが礼儀なのだそうです。

こんな話もあります。

日系アルゼンチン人のシルビアさん。彼女の父親は日本人、母親はアルゼンチン人ですが、外見は日本人に近い女性です。22歳で来日しましたが、「日本人はとても親切な国民なのに、どうして?」と強く思うことがあるそうです。

それは、「建物の入口のドアを押して入った人が、後から来る人のためにドアを押さえて待ってくれない」ということです。

シルビアさんの故郷アルゼンチンでは、当然のこととして次の人のためにドアを押さえます。彼女が日本でそのようにすると、ほとんどの日本人が、「あ、どうも」と礼を言って彼女の前を通り過ぎ、さっさと先へ行ってしまう、彼女はそんなつもりではないのに、次々と入ってくる人たちのためにドアをずっと押さえていることになり、どこでもドアガールにさせられてしまう、というのです。

これには、レディファースト文化の有無だけではなく、日本という国独特の文化が影響しているのかもしれません。

というのも、日本建築はもともと押すドアではなく、引き戸です。引き戸なら他人のためにドアを押さえておく必要もなかったので、次の人への配慮の精神が育たなかったのではないでしょうか。

まわりを見渡せば、スターバックスにマクドナルド、ケンタッキーフライドチキン。アメリカ文化は至るところに氾濫しています。それでもレディファーストの文化は日本ではなかなか浸透しないようです。

もてなし？　それとも嫌がらせ？

食事の際の席順や話の内容にも万国共通の決まり事がある。知らずにいると相手に嫌な思いをさせてしまうことも……。

イギリス人の父親と日本人の母親を持つナオミさんは、子供のときからイギリスと日本を往復して育ち、時おりテレビにガーデニングの解説で登場するさわやかな女性です。演奏活動をしている日本人の夫と結婚して、いま日本に住んでいます。

あるとき、ナオミさんのご主人が京都の寺院の小ホールで演奏を頼まれました。ご主人の大学時代の先輩がその寺院の住職で、毎月お寺の境内にある小ホールで檀家さんを対象にしたミニコンサートを開いているのです。その住職夫妻は、コンサート前夜に京都入りしたナオミさん夫妻を小料理屋に招待してくれました。

料理屋はカウンターだけの店でした。住職の奥さんは、入り口に近い席に座り、住職がその隣に座ったので、ナオミさんはその横に座ろうとしました。サウジアラビアのような男社会を除けば、男女が交互に座席をとるのが国際的には一般的なルールだからです。するとそのとき、住職の奥さんが間髪入れずに「住職の隣にはご主人が座ってください。明日のことで仕事の話もあるだろうから」と声をかけたのだそうです。ナオミさんはその一言で、その日の食事を楽しむことができなくなったと言っていました。

住職の横にナオミさんが座らないように指示したのは、「ナオミさんと住職が交流するのを好ましく思わない」という奥さんの嫉妬だと彼女は受け取ったのです。

実際、ナオミさんがその夜の奥さんの一言について、5、6カ国の友人たちの集まりで話したとき、皆一様に「それは住職にナオミさんと隣同士で話をさせたくないからだ」と彼女と同じ解釈をしたとのことです。

また、食事の席に仕事の話を持ち込むということも、ビジネスランチなどでない限り、エチケット違反に当たります。

京都の大きなお寺を切り盛りし、外国人との交流も多い立場にある夫妻が、接待における万国共通の基本的なエチケットを知らなかったのか、それとも知っていながら私情を交えた判断をしたのか。

ここでは彼らの本心まで推し量ることはできませんが、このような外国人を招いての食事会などの席で役に立つ本があります。

私の場合、不安になると開くのは、『国際ビジネスのためのプロトコール』（寺西千代子著・有斐閣）と『プロトコール入門　国際儀礼とマナー』（安部勲著・学生社）。もう二十年以上前に購入したものですが、こういう本は頼りになります。

招待する相手の流儀を事前に学んでおくことから、もてなしは始まっているのかもしれませんね。

フォークは右手？　左手？

日本人が正しいと思い込んでいるテーブルマナーも国によっては正しくないからややこしい。アナタの食事作法も実は間違っているのかも……。

ここ20年余り、EUのビジネスエグゼクティブを対象に言語文化研修をしています。彼らと食事をする機会がよくあるのですが、和食を食べに行くと、和食のマナー、箸の上げ下ろし、割り箸の扱い方などについて質問攻めに合います。

「我々の国ではナイフとフォークの使い方がその人の氏素性を表すものと見なすが、日本でも箸の上げ下ろしは同じ意味を持つか」と。「はい」と答えながらも、そう答える自分自身がマナーにかなっているかどうか、毎回居ずまいを正される思いです。

彼らと洋食を食べに行くたびに確信することは、私たち日本人が「西洋のテーブルマナー」だと思っているものは、実は「アメリカのマナー」であることが多いということです。

たとえばフォーク。皿の上のライスを食べたりカットした肉を食べたりするとき、フォークを右手に持ちかえる日本人が多くいます。

私の出身高校では、在学中に老舗ホテルでテーブルマナー研修がありました。そこでも「無理やり左手でフォークを使うより、ナイフで先に料理を切り分け、右手にフォークを持ちかえて食べた方がスマートである」と教えられました。そういえば、そのホテルも戦後アメリカの進駐軍が滞在したことで有名なホテルでした。

一方、ヨーロッパの人たちは、カジュアルな場は別として、フォークを右手に持ちかえません。パスタを食べるときのようにナイフが出ていない食卓は例外ですが、ナイフとフォークがあるときは、フォークは常に左手です。何を食べるときでも右手の箸で食べる日本人には、フォークを右手に持ちかえる方が楽なのですが、ヨーロッパの人たちからは「日本人はアメリカのカジュアルなマナーを鵜呑みにしたがるね」と笑われます。

こういう話になったときに、彼らの目に映る日本人のおかしな点としてよく出てくるのは、テーブルに肘をつくことと、料理が出てくるまでの間に両手を腿の上に置いていることです。

肘をついたままワインを飲む人、肘をついて手を組んで談笑している人が確かに目につきますが、これは正座しなければならない場所で胡坐をかいているのと同じくらいやってはいけないことらしいのです。両手をテーブルの上に出し手を重ねておくのも、「ピストルを下に隠していません」という友好のメッセージなのだとか。

もう一つ、これは東京でフランス料理店を開いているフランス人から聞いた愚痴ですが、日本のビジネスパーソンは、「クロスの掛かっているテーブルに平気でビジネスバッグを置く」ということです。

クロスの掛かったテーブルはそれ自体が皿のようなもので、その上にパンを裸で置いて食べたりする場所であるので、床に置くことの多いバッグを乗せるなんてもっての外ということでした。

内なる国際化が進んだ現在、日本に居ながらにしてさまざまな国のレストランで食事をする機会も多いもの。特にビジネス絡みや外国人と食事をするときなど、国によるテーブルマナーの違いにアンテナを高くしておきたいものです。

食事中に音を立てる？・立てない？

音を立てていいとき、悪いとき。食事中の騒音の快・不快の感覚はそれぞれ異なる。配慮したつもりが逆効果に。

ドイツ人女性のゲイツさんは、食事に招待してくれた日本女性が、食事中に幾度となく鼻をすすったので、気分が悪くなり、「早く席を立ちたくてしかたがなかった」と言います。

日本では、どうしてもやむを得ないときだけ、顔を横にそむけ、なるべく音を立てないように鼻をかみますが、基本的には人前で鼻をかむのを控えます。韓国でも、日本以上に人前で鼻をかむことを避け、ちょっと離れたところでかむようです。

ところが、ドイツなど欧米では、その逆で、鼻は人前で堂々とかんでいいのです。むしろ「鼻をすするのはマナー違反も甚だしい」と言います。つまり、彼らからすれば、「本来出すべき汚いものを、すすってもう一度体内に戻すなんて、不潔極まりない」ということです。

人前で鼻をかむといえば、数年前、パリの小さな教会に室内楽コンサートを聴きに行ったときのことを思い出します。

なめらかなヴァイオリンの音色の心地よさに酔いかけたとき、チェロ奏者がハンカチを出し、「ビーッム！」と教会中にこだまする凄まじい音で鼻をかんだのです。いくら人前で鼻をかんでもいい習慣とはいえ、さすがにこれには驚きました。

また、何を使って鼻をかむのかという点においても、日本人と欧米人では受け止め方の違いが見られます。

日本人は、鼻をかむとき、ティッシュペーパーを使います。それに対して欧米人はハンカチを使います。日本人の感覚では、鼻をかんだハンカチを再びポケットに戻す欧米人を不潔だと感じます。そのハンカチを洗って、また使うということは考えにくいのです。日本では、ハンカチは洗った手を拭くか汗を拭くためのものだからです。

このあたりの感覚の違いは、日本人と欧米人の生活習慣の違いとしか言いようがないでしょう。

食事中の音と仕草でいえば、鼻をすすること以外に、食事中のゲップと爪楊枝で歯をシーシー掃除することは、欧米人の感覚では相当なマナー違反に映るようです。外国でもテーブルに爪楊枝を置いているレストランがありますが、それを使うのは化粧室のようです。

欧米では、スープやコーヒーを飲むときは音を立てないよう、幼い頃から厳しく教育されます。

物を食べたり飲んだりするときの音はどうでしょうか。

日本でも食べたり飲んだりするときに音を立てることは、一般的には避けますが、いくつか例外がありますね。ソバなどの麺類やお茶漬けを食べるときは音を立ててもいいとされています。また、茶道の抹茶を飲むとき、最後の一すすりの音を立てることで、お茶を出してくれた人に対して「おいしかった」と感謝を表す流派もあります。

こういう例外があるためか、日本人の中には、コーヒーやスープのような熱いものを飲むとき、またスパゲティを食べるときにすする音を立てる人がいます。イタリアのあるレストランでは、日本人団体客は他の客から隔離した席に通すことに決めているそうです。パスタを食べるときの騒音に、他の客が顔をしかめるからだそうです。

ビ〜〜ッム
前衛的な演出かしら……？

伊丹十三監督作品の『タンポポ』に、高級レストランでのマナー教室のシーンがありました。音を立てずにパスタを食べるよう指導する講師のそばで、ズルズルと音を立てて食べるイタリア人。それを真似して、そこにいた全員が音を立ててパスタを食べ始めるというシーンでしたが、日本人を実にシニカルに描いていました。

一方、ソバやお茶漬けを食べるとき、決して音を立てないように少しずつ口に運ぶ欧米人に、「これは音を立てていいんだ」といくら説明しても、「頭ではわかっているけれど、とてもできっこない」と、彼らは相変わらずソバを2、3本ずつすくうのです。私たちから見ると、「あんなふうに食べたらおいしくないだろうに」と思うのですが……。

やはり幼いころから身につけた食事のマナーはそう簡単には変えられないようです。

ご飯は〝ご飯だけ〟で食べる？

ご飯とみそ汁とおかず、同じものでも食べる順番が異なる日本人と欧米人。日本では「一本食い」と呼ばれる行儀悪い食べ方も所変われば……。

懐石料理のようなフォーマルな食事は別として、日本の家庭の食事は、ご飯とみそ汁とおかずが同時に出され、それらを交互に食べます。

アジアではこういう食べ方が多いですが、西洋では、一品ずつ片づけていく食べ方をするところが多くあります。彼らにとって、スープはメインの料理の前に食するものです。それで、欧米人と一緒に和定食を食べると、彼らは、まず始めに、みそ汁を飲み干してしまうのです。

一方、私たちにとって、ご飯は常におかずと一緒に食べる主食で、ご飯だけ先に食べるということはしません。ところが、イタリアでは、パスタなどの麺類と米の料理はスープに相当するので、肉の前に出されます。

『ことばと文化』（鈴木孝夫著・岩波新書）の中で、日本が好きで古い日本家屋に住んでいるアメリカ人Tさん（奥さんはイタリア系）のお宅に著者が招待されたときの経験を次のように描いています。


『一同が座につくと、テーブルには、肉料理やサラダなどが並べられ、面白いことに、白い御飯が日本のドンブリに盛りつけて出されたのである。

畳の上に座っていること、白い御飯であること、T氏たちが日本式生活を実行していることなどが重なり合って、一瞬私は、この御飯を主食にして、おかずを併せて食べるものだという風に思ったらしい。目の前の肉の皿を取上げて、隣の人に廻そうとしかけたとき、私はT夫人が、かすかにとまどったような気配を感じた』

著者は、夫人に「ご飯は肉と一緒に食べるのか、ご飯だけで食べるのか」と尋ね、まずご飯だけ食べるということに気がつきます。こういう食べ方は、日本だったら「一本食い」と呼ばれ、行儀が悪い食べ方と見なされます。

この著者のように、ことばに出さない相手の反応に敏感であれば、また疑問に感じたことは相手に率直に尋ねる人であれば、摩擦も未然に防げるのですが、なかなかそうはいきません。

また、人を食事に招く場合、日本では夕食が一日のうちの主な食事ですが、ギリシャなどではランチが主な食事となります。ランチだから軽いものだろうと思って出かけると、とんでもないことになる可能性もあるわけです。

さらに、スペインとスペイン語圏である中南米の国々では、夕食の時間の始まりは午後9時頃です。日本人が床に就く時間に夕食の席が盛り上がることになるので、日本人は、翌日睡眠不足と消化不良に悩まされる羽目に陥るのです。

食事の習慣にはそれぞれのお国柄がはっきり出るので面白いですね。

日本人の食器は個人主義？

統一感のある洋食器と、バラバラの色や形をした和食器。没個性と言われる日本人だが、実は食器は意外にも個性的？

日本人家庭にホームステイした外国人たちが「意外だ」と驚くのは、家庭の和食器です。家族それぞれが、自分の箸、ご飯茶碗、湯呑を持っていて、家族間で模様や形に統一性がないということです。

西洋でマイナイフ、マイフォークを使うという話は聞いたことがありませんし、中国でもこういった習慣はないようです。せいぜい、コーヒーや紅茶を飲むマグカップが個人使用の食器だということぐらいです。現在、韓国では、家長だけ個人用の茶碗を使う家もあるようです。

この日本の習慣はもともと朝鮮半島から伝わったようですが、一昔前まで日本では、箱膳と呼ばれる箱型のお膳を家族全員が持っていて、その中に個々人が使う器を入れておき、食事のときに箱のふたの部分をひっくり返して中の器を並べ、ちゃぶ台がわりに銘々のお膳で食事を摂った名残りだと言われています。

日本では、故人の墓の前に、生前使っていた湯飲みや茶碗が置かれることが多いのも、死後も自分の器で食事が摂れるようにとの家族の願いが込められています。

外国人から見て、日本人家庭の食器で驚く点は他にもあります。夫婦茶碗、夫婦湯呑、夫婦箸という夫婦のペアセットがあって、男ものの方が大きく、女ものの方が小さく作られているということです。このことには男性中心の日本社会の象徴を感じるようです。

さらに、個人使用ではない皿やどんぶり、器などの間に形や模様に統一感がないのも奇異に映ると言います。

洋食器の場合、同じパターンの模様で統一するように揃えますから、てんでバラバラの色や形をした和食器が一つのテーブルに色とりどりに並んでいて、しかもそれはそれで一体感をかもし出しているのを見ると、「日本人って没個性と言われるけど、本当はとても個性的なのではないか」と目を見張るそうです。

来日した外国人たちから「和食器を土産に求めたい」という相談を受け、一緒に買いに行くことがありますが、そこで問題になるのはセット数です。和食器の場合、5個組が多いですが、「なぜ奇数なのか」と疑問に思うようです。

欧米でも贈り物の数は奇数を良しとするところが多いようですが、食器は別です。カップルを1つの単位と見なしますから、半ダースか1ダースで揃えるのが基本です。6個組になるように、店の人に「もう1個だけ売ってくれないか」と彼らは交渉を始めるのですが、セットを崩すわけにはいかないので断られます。

そこで、彼らは和食器5個組を2セット買い、偶数の10個にして買っていくことになるのです。外国人をターゲットとした土産物店では、その辺を心得ていて、和食器でも半ダース1組で売っていますが、一般の店ではそういうことはありません。彼らは国に帰って、購入した和食器を割らないよう、それは大事に使っているようです。

「皿を割る」といえば、ちょっと興味深いものに、ギリシャの皿割りがあります。ギリシャ料理店の中には、客に白い小皿を床に叩きつけて割らせる店があります。特別な日の願かけだったり、景気づけや祝いのためのイベントだそうです。

日本では皿を割る話と聞けば、すぐに思い出すのは「番町皿屋敷」。皿を割ってしまったことから処刑されたお菊が、幽霊となって恨めしそうに皿を数える話ですが、ギリシャ人にお菊の話をすると、腹を抱えて笑い出します。

「皿を割る」という行為ひとつとっても、日本とギリシャではずいぶん意味合いが違うものなのですね。

普段、何気なく使っている食器にも、日本人特有の文化、生活習慣が表われているようです。

Column

風邪を引いたら何を食べる？

風邪のときに飲んだり食べたりするものも、国によって違います。

日本では、体が温まるからといって、卵酒、ショウガ湯、お粥などを食しますね。フランスやドイツなどではホットワイン、メキシコではテキーラなどのアルコールを飲んだりします。風邪のときの飲み物の変り種としては、北米、中米、アフリカで飲まれるコーラです。水分を多く取って、病原菌を早く体外に出すということですが、水質に恵まれないところほど、コーラが飲まれるようです。

日本のお粥に匹敵するものとしては、欧米や中近東では、チキンスープが代表選手です。フランスではポトフかポタージュが、ポーランドではジューレックという発酵したライ麦のスープがよく食べられるそうです。

お粥を食べる文化はいろいろな国で見られますが、米と水と塩だけのシンプルなお粥は、日本だけのようです。中国や韓国では、お粥に鳥、にんにく、ナツメ、松の実などを入れるそうです。

宮崎駿監督の映画『魔女の宅急便』では、キキが風邪を引いたとき、居候先のパン屋のおかみさんが作ってくれたものは、ミルク粥でした。『魔女の宅急便』は、スウェーデンのゴットランド島とストックホルムをモデルにしたようですが、実際、北欧ではミルク粥をよく食べるのだそうです。シナモンと砂糖の入った甘いミルク粥か、ミルクにチーズを落としたこってりとした粥か。

お粥で面白いのは、フィリピンのルソン島のチョコレート粥です。フィリピン人の奥さんを持つ日本人男性が、風邪で欠勤した朝、チョコレート入りの真っ黒な粥を出されたそうです。その甘ったるい匂いと、ご飯にチョコレートという予想外の取り合わせに、どう頑張っても、ひと口も箸をつけることができなかったと言っていました。

体調不良のときこそ、慣れ親しんだ食べ物や飲み物が欲しいですね。

第二章

物にモノ申す

贈り物は気に入ってくれましたか？

贈り物をもらうとき、渡すとき、日本流の感謝の表し方や渡し方をすると誤解を招く場合もある。国民性の違いでガッカリすることも……。

私たちが贈り物をもらったとき、相手の前で開けるかどうかは、贈り物の性質によって異なりますね。たとえば、お中元、お歳暮のような儀礼的な贈答品や内祝などは相手の前で開けませんが、親しい人から「おいしいから」といって渡された手土産などは、「おもたせですが」といって、開けて一緒に食べることもあります。

誕生日など特別な日の贈り物の場合は、最近では相手の前ですぐ開けて、どれだけ気に入ったか喜びを表現して、感謝の気持ちを伝える人が増えてきました。目上の人からもらったときは、失礼にならないよう、開けていいかどうかあらかじめ相手に聞いてから開けたりします。

ところが、中国、モンゴル、インド、タイ、インドネシアなどでは、一昔前の日本がそうだったように、相手の前で贈り物を開けません。それればかりか、翌日会ったときに、前日に贈った品物について何も言ってくれません。贈った側としては、それなりにふさわしいものを選んで贈ったのに、「気に入ってくれた？」と水を向けなければ何も言ってくれないので、気に入らなかったのだろうかと悩んだり、がっかりしたりする日本人が多いようです。

日本では、「昨日はありがとうございました」とか「先日はありがとうございました」と過去に受けた好意について、もう一度触れる挨拶をします。それで、次に会っても「ありがとう」すら言ってくれない国の人たちに、肩透かしを食ってしまうのですね。

とりわけ、中国では、礼状を書くという習慣もないようで、手紙を書くのは年賀状だけという人が実に多いのだそうです。そういうお国柄の人に礼状を期待しても、なしのつぶてで終わるのは仕方のないことかもしれません。

逆に何度も「ありがとう」を言わない国民性の人たちからすれば、日本人のように何度もお礼を言うことは、「もう一度同じ物が欲しい」と請求していることになるので、「お礼はもらったとき一度だけ」、と考えているようです。

また、返礼はことばに出すものではなく、他の機会に心からの返礼を行動で表すものであるとする向きもあるようです。

そういった国の人と私たち日本人が贈り物を介したときに、誤解を招いてしまうケースがよくあります。

来日して半年になる中国人留学生の余さんは、夏休みに故郷に帰ってきたので、お世話になっている教授にお土産として、高貴な石で作られた盃を渡しました。教授はその場で包みを開け、盃を喜び、何度も礼を言ったそうです。余さんはとても満足しました。ところが、翌日、その教授から「昨日はいいものをありがとう。これはお返し」と、クッキーの詰め合わせを渡されました。余さんは「先生は本当は私のことが嫌いなんだ」と、とても悲しくなったそうです。

日本人と結婚した娘を訪ねて初来日した韓国人、洪さんの場合も同じです。娘が世話になっている近所の人に渡そうと、自家製のキムチをたくさん持ってきて配ったところ、とても喜ばれました。それを見て、「重いキムチを運んできた甲斐あった」と洪さんはとてもうれしくなりました。しかし、次の日、両隣の人が、「昨日はありがとう」と言って、化粧箱入りの羊羹と緑茶を買って持ってきたのを見て、深く傷ついたそうです。

中国や韓国では、相手の好意を素直に受けることで相手の顔を立て、お返しはまた別の機をとらえてしようと考えるようです。そのため、すぐお返しをされると、単なる物の交換のようでプライドが傷つき、「相手は自分と深く関わりたくないのではないか」と解釈します。

トルコでも同じです。客を大事にもてなすトルコでも、行きずりの人に食事を振る舞ったりするようですが、日本人観光客が慌てて鞄をごそごそし始め、何かお返しを置いていこうとするのを見ると、とても傷つくと言います。

無論、日本人でも、お返しに対する考え方は年齢や地域によってだいぶ異なりますが、比較的都会に住んでいる人ほど、きちんとお返しをする傾向があります。それは、都会の方が他人に借りを作りたくないという意識が働くからでしょう。

贈り物の渡し方でギクシャクすることもあります。

日本やトルコでは、「つまらないものですが」と謙遜しながら相手に渡します。この表現には、「あなたの品格や社会的地位には不相応で、取るに足らない贈り物ですが」という謙虚な気持ちと、「大したものを贈るわけではないので返礼の気遣いは無用です。負担に思わないでください」という気遣いが込められています。たとえどんなに念入りに選んだ品物であっても、どれほど希少価値のものであったとしても、それをあえて説明しようとはしないものです。

一方、中国や韓国では、贈る側の熱意や誠意を贈り物の値段や大きさに反映させて表す傾向が強いです。

私も何度か経験があります。

中国人から「お土産です」と渡された大きな包みの中からは、しっかりとした革のトレンチコートが出てきました。韓国人からいただいたお土産は、漆に貝を埋め込んだ螺鈿細工の大きな宝石箱で、渡された途端、両手にずっしりと重みがかかりました。「飛行機の荷物は重量制限があるはずなのに」「こんなにかさばる土産物を選んだら他のものは持てなかっただろうに」と、相手の厚意をありがたく思う反面、戸惑いを禁じ得なかったのも事実です。

また、彼らは渡すとき、「特別な存在であるあなたゆえ、わざわざこの有名な品物を選んだ」とことばで表現する傾向があります。トレンチコートや宝石箱をいただいたときも、「この素材は○○産で最高級です。○○という有名な人が作ったもので、この店はとても有名な店です。高級なものしか置いていませんから、先生のために買ってきてあげました」と言われた記憶があります。

「〜てあげる」という表現を使って、このように渡されると、私たちは押しつけがましさを感じないではいられないのですが、渡した本人は、最大限に敬意を表わそうとしてこのように表現しているのです。

このように贈り物にまつわるとらえ方にも、お国柄が出るのですね。

贈っていいもの、悪いもの

日本でも贈り物として避けるべき品や色があるように、世界各国にも〝贈り物のタブー〟がある。知らずに贈ると、せっかくの贈り物も台無しに。

ベトナムに駐在している日本人ビジネスパーソンの井上さんは、得意先の工場長であるベトナム人の還暦祝いに、信楽焼のフクロウのランプを贈りました。フクロウは智恵の神様であり、「福朗」とも「不苦労」とも語呂が通じ、日本では良いことの象徴だからです。

ところが、工場長の顔が一瞬引きつったというのです。気になってベトナム人に聞いたところ、フクロウはベトナムでは死の前兆を表し、贈り物のタブーの一つだったとのことです。

日本でも贈り物として避けるべき品がいろいろあります。新築祝いや引越祝いに、火事を連想させるような灰皿やライターなどは贈らないことになっています。文化によって、品物に込められる意味合いが異なるところが難しいところです。

中国では、漢字の発音が同じであることから贈らないものがあります。傘は「san」、扇子は「shan」と発音し、離散の「散」である「san」に通じるため、贈り物には選びません。置時計を贈る意の「送鐘」は「song zhong」と発音し、臨終で看取る意味の「送終」と同じ発音のため避けます。

扇子や和傘などは、日本からの土産物として、また置時計は開店祝いや新築祝いの贈り物として、日本人が選ぶ可能性のあるものなので、注意が必要です。

また、フランスでは、相手から頼まれてナイフを贈り物にするときは、必ずコインをもらい、贈ったのではなく買ってもらったことにすると聞きました。

イタリアでも、ハンカチを贈る場合は相手からコインを受け取って、買ってもらったことにするそうです。ハンカチは悲しいことがあって泣くという意味が込められているため、贈り物にはしないからです。

日本では、着物を代々譲っていく習慣があります。60代の日本人女性、山川さんは、中国から来た息子の嫁に祖母の代から伝わる大事な着物を譲ろうと考え、「とてもいいものをあげるからおいで」と電話をして、お嫁さんを家に呼びました。「外国人の嫁にとって、着物はそれでなくてもエキゾチックなはず。刺繍と手描きで模様をつけた豪華な着物をあげると言ったら、どんな顔して喜ぶだろう」と期待しながら、山川さんは古いたとう（着物を包むための和紙でできた包み）を開いてお嫁さんに見せました。

ところが、それまでニコニコしていたお嫁さんの顔が突然しかめ面になり、泣き出してしまったのだそうです。

「いいものをあげると言ったお母さんのことばを信じたのに、こんな汚い紙に包んである古着をよこすなんて」と。

最近多少は様変わりしたようですが、中国では古着を売るビジネスは成り立たないのだそうです。人が袖を通したものは価値がないと考えるからです。

一方、イギリスやアメリカでも、誕生日などに、自分が使っていた大事なものや親から譲られた古い品を価値あるものとして贈ることがあるようです。

アメリカ人女性リーさんも、山川さんと同じような経験があります。リーさんの息子のフィアンセは中国人です。そのフィアンセの誕生日パーティで、リーさんが大切にしていた母親の形見のブローチをプレゼントしたのだそうです。「家族の一員としてあなたを歓迎する」という意味を込めて。

ところが、期待に反して、息子のフィアンセは全然喜ばなかったのだそうです。それどころか、「家族が使った古いものをよこすなんて、お母さんはケチな人なの?」と息子に尋ねたという話を後から聞いて、大きなショックを受けたということです。

日常的な物のやりとりでも誤解が生じることがあります。

日本に来て2年になる中国人女性から、「大家さんに家賃を持っていくと、よく石鹸とかドレッシング、油をくれる。自分はそんな物まで人からもらわなければならないほど貧しいのかと、毎回傷つく」と相談を受けたことがあります。

「お裾分け」の習慣と、大家さんが親切心からお中元やお歳暮でもらった日用品を分けているということを説明し、理解を促したのですが、その人はスッキリしなかったようです。

人に贈る物は高価なものでなければならないと考えるお国柄から見ると、スーパーで安く売られている日用品を人によこすなんて、馬鹿にしているとしか思えないという受け止め方も仕方ないのかもしれませんね。

日本では贈り物を贈る際に「色」にも気を使います。その「色」も、品物自体の色よりも、包装紙やリボンの色に留意する傾向があります。

黒と白、グレーと白の組み合わせは祝い事には避けますし、白いリボンも結婚式で花嫁が持つ花束以外には祝い事には使われません。

このように、日本では、外側の包装だけ気を配ればいいのですが、インド、タイ、インドネシア、ベトナム、シンガポールなどでは、包装紙とリボンだけでなく、品物を選ぶ際にも黒、青と白の組み合わせは避けるそうです。一方、モンゴルでは、白は聖なるものの象徴として贈り物に良いとされているそうです。

贈り物をするのって本当に難しいですね。せめて、相手の国の贈り物に関するよく知られたタブーだけは調べてから贈るようにしたいものです。

物にものを言わせる

贈り物にはメッセージを添えるのが当たり前の欧米人にとって、ただ品物を発送する日本の中元や歳暮の習慣は評判が良くないようで……。

仕事柄、EU加盟国のビジネスパーソンとのおつき合いが多いのですが、私は彼らから、感謝の気持ちは感じたときに即、具体的に伝えることの大切さを学びました。

数年前のある朝のことです。宅配便の激しいチャイムの音に起こされ、しぶしぶ起き上がって受け取ったのは長い箱のクール便。「こんな朝早く……」とブツブツ言いながら、箱を開けてびっくり。1メートルはある見事なバラが1ダース。その上には特大カードに18名それぞれのメッセージがびっしり書き込まれ……。

その前日、彼らを自宅に招き、狭い台所で1日かけて一緒に料理をし、夜ホームパーティをしたのです。「日本料理を覚えて帰りたいのに、1回だけの料理教室が見つからない」

と残念がる彼らに、「シェフではないけどシェフの料理でよかったら」と、料理パーティを申し出たのです。おふくろの味から懐石風もてなし料理まで、ざっと20種類はあったでしょうか。皆それぞれに料理作りを楽しみ、パーティは大いに盛り上がり、お開きになったのは夜中の2時を回っていたはずです。

バラが届いたのはその6時間後。いったいいつの間にバラを注文し、カードの寄せ書きをしたのか見当もつきません。カードは、単なる「Thank you」ではなく、気に入った料理について細かに描写したもの、時間、労力、ホスピタリティについて私を誉め讃えたもの、挑戦した料理を西欧料理と比較した感想など、通り一遍ではない個性的なメッセージで埋め尽くされていました。今までにいただいたこともない豪華なバラの香りと相まって、彼らの思いやり溢れる心配りに感激し、「You made my day」(「あなたのおかげで私はとても幸せな気分になれた」の意味)が思わず口をついて出てきました。

日本の中元と歳暮の贈答習慣についてよく知っている欧米人からすると、お世話になっている人に、感謝を込めて贈るギフトにもかかわらず、「手書きのメッセージも添えずにデパートから品物だけ発送する日本人の行為は理解しがたい」と言います。彼らの感覚からすると、日本人の中元と歳暮の習慣は理解できないようです。中には丁寧に送付状を別送する人もいますが、確かに大半は品物だけが行き交っているのが現状です。「〝物にものを言わせる〟くらいなら、贈らない方がいい」と考える彼らには、日本の中元と歳暮はあまり評判のいい贈り物ではないようです。

お見舞いに「白い菊の花」を贈るのは……？

贈っていい花と悪い花、同じ花でも国によって事情が異なる。色や数、それぞれに意味があるので知らずに贈るのは要注意。

かつて入院していたとき、オーストラリア人の女性が見舞いに持ってきてくれた花束にギョッとしたことがあります。

直径15センチはある大きな白い菊の花が4本、枝ものと一緒にシルバーの包装紙にくるまれ、薄いグレーと白の2色のリボンで束ねられていました。白とグレーでコーディネートされた花束は、シックで都会的で、それはそれで素敵でしたが、白い大きな菊もグレーと白のリボンの組み合わせも「葬式」を連想させせます。その上、「4」という数字は「死」に通じ、日本では避ける数字です。その女性はまだ日本の生活に慣れていなかっただけで、むろん悪気はなかったのですが、せっかくの心遣いを複雑な気持ちで受け取ったことをよく覚えています。

まず、「数」ですが、日本では、奇数の方が良いとされています。しかし、いくつか例外があって、「2」は結婚祝いや金婚祝いなどカップルに、「8」も漢字で「八」と書き、形が末広がりのため、将来の発展を祈念する良い数字とされています。「10」も「1」に通じるので良いと見なされます。逆に、奇数でも、「9」は「苦」に通じるため日本では避けます。

ヨーロッパとインドでも、「13」以外の奇数が好まれるようです。奇数で問題になるのは、香港で「7」が葬式の料理の数を表すため縁起が悪いとされていること、ベトナムでは「3」が凶数であることなどです。

一方、中国、台湾、韓国では日本と反対で、偶数が好まれます。対を重んじる文化だからです。中国でも、「8」は「発財」に通じるといわれ、ビジネスや商売の贈り物によく使われるようです。しかし、中国や韓国でも「4」は「死」を意味するので避けられます。

日本人が注意しなければならない数字は「9」です。

「9」は、中国、インド、タイ、ベトナムでは、1ケタの最高の数字であることから吉祥数と考えられています。現代中国では、「9」は「永久」の「久」に通じるため、結婚祝いなどによく使われるようです。バレンタインデー用のバラの花束も中国では9本です。そういえば、「交換留学生として1カ月ホームステイした中国人が、結婚祝いに大きな中国菓子を9つセットで送ってきた」と驚いていた日本人がいました。

どういう花がどういう場面で使われるかというのも国や民族によってずいぶん異なります。ある国では悔やみに使う花を、他の国では祝い事に使うという例が一番厄介です。

菊が葬式や仏事の花であるのは、日本だけではなく、韓国、ポーランドやハンガリー、イタリア、ベルギー、ポルトガルなどでも同じです。しかし、アメリカ、オーストラリア、ブラジルなどでは菊はお祝いに使われます。中国でも旧正月は白と黄色の菊で祝うそうです。一方、ハワイでレイを作るのに使われるプルメリアは、インドやインド系の民族の間では葬式の花ということになっているようです。

贈る花の「色」に意味を持たせる場合もあります。

赤いバラが求愛や男女間の愛情の象徴とされるのは、ヨーロッパから全世界に広まった現象です。

ステキなお花でしょ?
早くよくなってくださいね

ヨーロッパのレストランやカフェでは、赤いバラを抱えたバラ売りがカップルの男性の方に近寄り、「相手の女性にプレゼントはいかが」と勧める光景をよく目にします。デート中の男性が花屋に入り、赤いバラを無造作に束ねてもらって相手の女性に渡す場面にもよく出くわします。日本では赤いバラは祝い事全般によく使われますが、ヨーロッパの人に贈る場合は、求愛の意味がない限り、赤は避けた方がいいでしょう。

また、スペインと中南米のスペイン語圏では、全般的に白い花は喪の花ということになっているようです。こういう国々では白いユリもよく喪に使われますが、アメリカではイースターを祝う時期になると白いユリの鉢が店頭に並びますし、ロシアでは「女性の日」があって、その日には女性に白い花を贈ります。

「数」についてはすでに述べましたが、贈る花の本数も気をつけたいところです。

ヨーロッパとインドでは、「13」以外の奇数か1ダースで贈りますが、中国、台湾、インドネシアでは偶数で贈ります。日本では「9」以外の奇数か、「8」、「10（か10の倍数）」、「12」が一般的なようです。

贈る花の種類や数にも、各国でいろいろな意味があるものですね。

包装はきれいな方がいい？

きれいに包装されることに慣れている日本人は、ちょっとした品物でもきれいに包んでもらう。外国人にはそれが過剰に映ることも。

「ご自宅用ですか」

都会のしゃれたブティックで、店員からこう聞かれたフィンランド人女性クリスさんは「この店員、バカじゃないの？」と眉をひそめてしまったそうです。

クリスさんが買ったのは手袋とマフラーのセット。「いったいどこの誰が手袋とマフラーを自宅で使うわけ？　自宅の外に出るときに使うに決まっているでしょ？」と口から出かかったと言います。

店員の尋ねた意図は、むろん、自分用か贈答用かということで、自分用なら簡易包装で、贈答用ならそれなりの包装をしますよ、ということです。

でも、クリスさんのように受け取る外国人が実はとても多いのです。それは、特にヨーロッパでは、日用品は「袋に入れて」と言わない限り、買ったものは裸のまま渡されることが多いからです。

オランダ人のカインさんは、日本ののし紙と過剰包装が嫌いだそうです。のし紙は、「名前まで書くなんて、〝私はこれだけのものを贈りましたよ〟とこれ見よがしな感じがする」と言います。

また、贈り物は、お菓子や石けん一つ一つがきれいな紙に包まれていて、それが小箱に入れられ、さらにその小箱が大きな化粧箱に入り、その上から大きな包装紙でくるまれ、最後にのし紙がかかっています。これでは、贈り物を開けるとき、ゴミが大量に出てしまいます。それがカインさんには納得できないのです。

最近は、日本でも環境問題に敏感になり、簡易包装をPRするデパートもあります。日本だけでなく中国でも、中秋節に食べる月餅を丁寧に包む習慣があるようですが、最近では、「月餅の過剰包装はやめた方がいいのではないか」という議論が起こっているそうです。

それでも日本人は、観光地で小さな土産物を買ったときですら、きれいに包装し紙袋に入れて渡されることに慣れています。そのため、包装してくれない国を日本人が旅行した場合、土産物を買うことに抵抗を感じる傾向があるようです。特に目上の人に渡す際、裸のままでは渡しにくいからです。

日本人の免税店好きは、案外、品物そのものより、きれいな包装と袋が主な理由かもしれません。

ちなみに、包装紙の使い方にもお国柄があります。日本では、包装紙の角から対角線に包む方法をとる場合が多いですが、アメリカやヨーロッパでは、包装紙の上辺と下辺の間に平行に品物を置いて包みます。

そういう国から来た人たちは、角から包んで美しく収める日本の包み方を見て、「芸術的！」と感嘆の声を上げるのです。

「包む」という字は胎内に赤ん坊を宿している形。私たちは、大切なものを覆うことで、相手に対する改まった気持ちを表したいと考える傾向があるのです。

ホテルのサービスはどこまで？

歯ブラシ、カミソリは部屋についていて当然の日本のホテルや旅館の至れり尽くせりのサービス。それなら浴衣も持ち帰りOK？

日本では、ほとんどのホテルに歯ブラシ、カミソリ、寝間着が用意されていますね。スリッパもあります。室内で靴を脱ぐ習慣のある日本人には必要だからでしょう。ところが、他の国では、これらがないホテルの方が多いのです。お隣の韓国では、1994年に使い捨て用品の配布を禁じる条例ができ、歯ブラシやカミソリは有料になりました。ヨーロッパ、北米、中南米もほとんど置いてありません。シャンプーや石鹸はあっても歯ブラシはないのです。アジアでも、日本人客をターゲットにしているホテルは別として、置いてないことの方が多いです。寝間着などなくて当然です。

日本国内を飛び回っているビジネスパーソンは、これらを持ち歩かなくても済むので、出張が楽です。しかし、それに慣れてしまうと、海外出張のとき、ついうっかり、洗面用具を入れるのを忘れてしまうのです。

反対に、これらが備えつけでないことを当然視している外国人が日本のホテルに泊まると、至れり尽くせりのアメニティに感激します。そして、「寝間着は持参するものだ」と思っている彼らは、ベッドの上に置かれた寝間着までサービスかと思って、持ち帰ってしまったりするのです。

どうしてそう思うのかというと、どうやら温泉宿のタオルに原因がありそうです。温泉宿では、旅館でもホテルでも、ビニール袋に入ったタオルは持ち帰っていいことになっていますね。そのタオルには宿の名前が入っています。宿の名入りタオルを持ち帰っていいのなら、宿の名前が書かれている浴衣も持ち帰っていいのだと解釈してしまうのも仕方のないことでしょう。

至れり尽くせりの日本のホテルや旅館ですが、どこまでが個人使用のものか、という感覚が違う外国人にとっては、「つい、うっかり」のミスが増えてしまいますね。

「お金の話」をするのは卑しいこと？

お金に対する価値観の違いが招くトラブル。お金の話をしたがらない日本人と、〝お金はお金〟と割り切る外国人の間には溝があって……。

日本でチップや心づけを渡すのは、限られた場所と状況です。伝統的な旅館に泊まったとき、世話をしてくれる仲居さんに。また、祝宴でセットをしてくれた美容師さんや送迎を担当してくれた運転手さんに、といったところでしょうか。

チップを渡す習慣がないこの国に、渡す習慣のある国から来た人たちは、とても戸惑うようです。

アメリカ、カナダなど北米では、レストランやコーヒーショップに入ったときや、タクシーに乗ったとき、一定のパーセントのチップを渡します。

カナダ人のグレッグさんは、日本に来たばかりの頃、レストランで、勘定書きの値段より多く現金を置いてレストランを出たそうです。すると、店の人が慌てて追いかけてきて、「お釣りです」と言って、チップのつもりで置いた分を返そうとしました。「チップですから、取ってください」と言っても、店の人は決して取ってはくれず、驚いたと言っていました。

驚くのは、外国人ばかりではありません。地方から上京し、新聞配達店に住み込みながら大学に通っている日本人の浜口さんは配達を始めて2年経った頃、英字新聞をとっているアメリカ人から、クリスマス直前に、30ドルの小切手が挟まったクリスマスカードを渡された経験があるそうです。

浜口さんはまだ学生で、小切手など見たこともなく、カードに挟まっていた紙が何なのか、販売店に戻って店長に聞くまでわかりませんでした。小切手だとわかった後でも、なぜそれを自分によこしたのか意味がわからず、翌日、アメリカ人に聞きに行きました。

アメリカなどでは、日頃お世話になっている配達人やアパートの管理人、ガードマンなどに、1年間の感謝を込めて、クリスマスに現金や小切手を渡す習慣があります。日本でも、現金や商品券を人に贈りますが、裸では渡しません。必ずきれいな包装紙や袋に包んで渡します。

浜口さんは、自分にまでクリスマスプレゼントをくれた好意に感激した半面、金額が書かれた小切手を裸で渡されたことにプライドが傷ついたとも言っています。まるで自分が商品のように扱われた感じがしたのだそうです。

翻って、日本人は、チップの習慣のある国であまり評判が良くないようです。チップを払うことに慣れていないためか、高級レストランなど、チップを他より多めに出すことが当然視されている場所で、チップを少なく置き、ケチだと思われているそうです。また、その反対に、海外のホテルで、枕元に置くベッドメーキングのチップを多く置き過ぎて、その国の相場を乱してしまうという話もよく耳にします。

それぞれの国のお金でのお礼の仕方については、複数の情報を集め、現地の人の習慣をよく知ることが大切ですね。

同じく謝礼についても、日本人の態度があいまいで、相手を困らせてしまうことがあります。

スペイン語を教えているアルゼンチン人女性のアンジェラさんは、フランメンコのパフォーマンスもでき、明るい性格のため、住んでいる地域の国際交流団体からイベントでの講演やフラメンコの舞台をよく頼まれるようです。「南米の文化を伝えるチャンスなので、喜んで協力したい」と積極的に参加していますが、一つだけ、必ず後味の悪い思いをすることがあると言います。

それは、交流団体から渡される謝礼のことです。「ありがとう」の一言で済まされ、謝礼が出ないこともあれば、祝儀袋の中に1万円札が入っていることもあるのだそうです。嫌だと思うのは、依頼をしてきた時点で主催者がお金のことについてはっきり言わないということです。

「お金が出ないなら、『お金は出ない』と最初にはっきり言って欲しい。謝礼が出るのなら、『お礼は1万円だ』と前もって金額をちゃんと言って欲しい。お金について曖昧なままの依頼はとても不愉快」と、アンジェラさんは顔をゆがめて不満を訴えます。

博士課程で工学を専攻しているトルコ人男性ベラさんも同じ不満を持っています。

ベラさんのお姉さんは、会計事務所を経営している日本人男性と結婚しています。その人から、事務所が忙しい時期にアルバイトを頼まれたのだそうですが、アルバイト料について具体的な提示がなかったため、その話を断わったそうです。片やお義兄さんの方では、「親戚なのだから、学費のサポートになるようにアルバイト料をはずむつもりでいたのに」

と、怒ってしまったとのこと。

「なぜ日本人はお金の話をしたがらない？」とベラさんの疑問は消えないようです。

日本人がお金の話をタブー視するのは、江戸時代以降、顕著になったようです。儒教の影響を受け、「何かをするのは高潔な精神に基づいてするのであって、お金のためにするわけではない」という精神主義が広まり、「お金の話をするのは卑しいことである」ととらえたことから発していると言われています。

また「宵越しの金は持たない」とか、「武士は食わねど高楊枝」といった表現に見られるように、江戸時代の武士や商人がお金や物に執着することを無粋だと考えたからというのも理由の一つです。

「日本人は、表向きお金のことをタブー視するために、逆に裏ではお金のことに必要以上にこだわる」と外国人から指摘されることがあります。

「お金は単にお金だけのことに過ぎない」と割り切る国の人と共に生きていくためには、日本人の方が、発想を変える必要があるのかもしれません。

契約金は百万円でどうですか？
お、お金の話は無粋でござるっ
武士道
ひゃ、百万円…♡

アイデアはただ？

モノには金を払うが、目に見えないアイデアには払わないと言われる日本人。そろそろアイデアの価値にも目を向ける時期がやってきたのでは。

東京近郊に住むカナダ人のベックさん、カナダで広告プランニングの仕事をしていますが、日本人女性と結婚して以来、カナダと日本の二重生活を続けています。奥さんの実家がある地区で、町おこしのための大々的なイベントを行う話が持ち上がり、ベックさんも参画して欲しいとの依頼を受けました。彼は、日本にいる間、企画会議に頻繁に顔を出し、町のＰＲのために積極的に斬新なアイデアを出したそうです。イベントは、ベックさんの企画がほとんど生かされる形で進み、成功裡に終わりました。

ところが、イベントが終わっても、謝礼はなしのつぶて。もともと仕事として正式に契約を交わしたわけではなかったものの、イベントに招聘した人たちには多額の謝礼が支払われているのに、その企画を立てた自分には、一銭も支払われないことに、ベックさんは不快感が拭ぐえません。

「自分は広告のプロであり、仕事で培ったノウハウがあったからこそ立てられた企画だ。日本人は、モノには金を払うが、目に見えないアイデアには払わない」と、日本に永住するのがイヤになったと憤慨しています。

そういえば、「お金の神様」と呼ばれた台湾の邸永漢氏が、エッセイの中で、経営の相談に乗って欲しいと言って訪ねてきた会社の社長のことを、呆れ顔で書いていました。1時間ほど相談に乗ったそうですが、置いていったのは果物店の包みだったとのこと。「経営上の相談事は、相手の知識をもらうことになる。それにもかかわらず、果物で済ますとは。日本では、アイデアと専門家からの助言はただなのだ」と。

かつて、『ワーキングガール』という映画がありました。企業買収が盛んな時期にヒットしたハリウッド映画です。

この映画の物語は、主人公である秘書が企業買収の企画を立てるのですが、上司の女性が、その買収企画を自分が立てた企画にしてしまうことから始まっていました。アイデアを盗んだことが知れた上司の女性は、結局会社を去ることになり、アイデアを買われた主人公は、重役に転身します。個人のアイデアの価値と知的所有権が認められているアメリカならではのストーリー展開でした。

翻って日本人は農耕民族。共同体の中で労苦も恵みも分かち合ってきました。日本を含め、アジアの農耕民族国家では、歴史的に、無形で実体のない個人のアイデアや技術などは、他人に伝え、共有して当然のもので、考案者の権利など認めようもなかったのだろうと推察します。

「日本では、水と安全とアイデアはただ」と言われて久しいですが、最近では、水も安全もお金を払って手に入れるものになってきました。そろそろアイデアも値段がつくものにしてはどうでしょう。

天然ものと職人技、求めるものは何？

天然ものには天然ものの良さを、伝統工芸品には職人技が光る逸品を。それぞれの特性に見合った質を求める価値観の物差しが肝心。

ある程度の地位にあるヨーロッパの男性が、奥さんやお嬢さんへの土産として買って帰りたがるものに、「真珠」があります。良質の真珠を一緒に選んで欲しいという要望を受け、真珠店に何度か同行しました。

真珠専門店に行くと、まず、真珠の良し悪しの見分け方を詳しく説明してくれます。「照り、艶、巻き具合、色、形」と真珠を見るポイントについての懇切丁寧な説明に、彼らは時おり質問を挟みながら、とても興味深そうに耳を傾けます。

そして、最後に、店の人がとっておきの品を見せてくれます。最も価値が高いとされている真珠玉を、長いフェルトの上で転がして見せるのです。完全な球形をした、ゆがみの一切ない真珠は、転がすと、曲がることなくきれいに直線に転がり進みます。そして、ここで、照り、艶、巻き、色、形、すべての点で優等生の真珠玉だけで作ったネックレスが数本、彼らの前に登場するのです。

ところが、このタイミングで、彼らの口から店の人の期待を裏切る発言が飛び出すことに。「そのネックレスは魅力に欠ける」と。

真珠の見分け方の説明に熱心に聞き入っていた彼らだっただけに、店側は、優等生揃いのネックレスを選ぶはず、と信じて自慢の逸品ばかりを出してきます。ところが、むしろ彼らは、バロックと呼ばれるいびつな形の真珠玉を「自然でいい」と称賛し、さっさとバロックネックレスが並ぶショーケースに移動してしまうのです。

球形の揃い玉のネックレスを選ぶ場合も、すべての点で優等生を選ぶのではなく、夜のパーティで、シャンデリアの下で一番アピールしそうな、照りがずば抜けたタイプを選びます。品物を選ぶとき、どこに価値を置いて選ぶのかが、ヨーロッパの人と日本人とではまったく異なるのです。

一方、職人技の伝統手工芸品を選ぶときは、彼らは完璧さを求めます。

普段から着物で過ごしている私の蛇の目傘に目を留め、国に買って帰りたいと言う人がよくいます。

洋傘に比べると値が張るので、「東京の下町の土産物店なら安く買える」と助言するのですが、彼らは、決してそういう品物では満足しません。私の傘を広げては丹念に眺め、「単なる土産物用ではなく、このように手の込んだ実用品が欲しい」と言います。和傘専門店でも、彼らに気を使って、B品と呼ばれる、ほとんど素人にはわからないやや難ありの品を最初に勧めてくれるのですが、彼らは「完全な品物を」と言い、決して首を縦に振りません。

天然ものには「人為的でない自然さ」を、伝統手工芸品には「高度な職人技が光る完璧さ」を、ヨーロッパの人たちはそれぞれの特性に見合った質を求めるのです。そして、その価値判断の物差しはぶれることはありません。

その点、日本人はといえば、天然ものにも精巧さを求め、ともすると職人技を軽視し、コストを優先しがちです。

日本人とヨーロッパ人のものに対する価値観の違いとはいえ、彼らの価値観の物差しに触れるたび、私はいつも心から納得するのです。

Column

賄賂は当然？

中国のある聴講生から、「折り入って相談があるので時間をとって欲しい」との依頼を受けました。研究室にやってきた彼女の話をかいつまむと、次のようなことです。

「大学に正規に入学して先生の講義を受けたい。来年、大学を受験するつもりだが、ついては相談がある。成績が基準に達しなかった場合でも、正規に入学する方法があるか」

はじめは相手の意図が飲みこめなかったのですが、いろいろ質問をするうちに、要するに、「あなたに賄賂を渡すので、入学を許可して欲しい」と言っているのだということがわかりました。内心あきれながらも、日本の大学ではそのようなことは通用しないこと、そのような相談を持ちかけられること自体、教師にとっては心外であること、人によっては憤慨するだろうから、他で同じような話はしない方がいいことなど、文化の違いについて時間をかけてゆっくり説明し、引き取ってもらいました。

しかし、それから１ヵ月後、まったく別ルートの中国人から、同じような相談を持ちかけられる羽目に陥りました。その中国人は、すでに8年も日本に住み、日本人と結婚しています。顔が合えば挨拶する程度の知り合いですが、その人の親戚の女性を大学に入れて欲しいということでした。「先生に１００万円渡しますので」と言われたときには、たぶん私は露骨に嫌な顔をしてしまったことと思います。

以前にも、同じようなことがありました。ネパールから来日して働いている男性でしたが、その人の保証人から頼まれ、運転免許を取るためのペーパー試験の勉強を手伝ったことがあります。漢字が読めない彼にとって、試験問題を理解するのはほとんど不可能でした。

が、彼は至って楽観的で、「大丈夫、大丈夫」を連発します。なぜそんなに楽天的でいられるのか聞いてみたところ、「試験官にお金をあげますから」との返答でした。日本ではそんなことは通用しないと口を酸っぱくして力説する私を前に、彼は我関せずの顔で終始ニコニコと微笑んでいたのでした。

第三章

外国人泣かせの日本の流儀

久しぶりの再会は抱きしめる？

喜怒哀楽を体で表現する外国人と、胸の奥にしまい込む日本人。ときにその態度は外国人の目には〝冷たい〟と映ることも。

世界各国の空港で、出迎える人の様子を観察していると、それぞれのお国柄がよくわかります。

例えばフランスの空港。両親と10代の女の子が、それぞれ小さなブーケを手に人待ち顔です。やがて、ゲートから20代の女性が出てくると、３人は急ぎ足で両手を広げながら近寄っていき、順番にひしと抱き合い、キスし合い、それぞれが手にしていた色とりどりの花を彼女に手渡します。ブーケを受け取った女性は、もう一度片手で相手の肩を抱き、ほおに感謝のキスをしました。久しぶりに里帰りした娘さんを出迎えたのでしょう。

成田空港では、日本人と韓国人の見分けが外見ではつきにくいのですが、出迎え方を観察すると、はっきりと区別がつきます。

韓国人の場合は、ゲートから出てくる乗客の中に家族を我先に見つけようと、ドアが開くたびに身を乗り出し、キョロキョロします。家族を見つけると、満面の笑みで家族の名前を呼び、手を振りながら近づいていきます。そして、周囲の人の視線を意識することなく、抱き合ったり手を握ったり肩を叩いたり、十分に体で再会の喜びを表してから、肩や腕を組んで、お喋りしながら出口に向かうのです。

一方、日本人の方は、頻繁に開閉するゲートのドアを無表情に見つめながら、静かに立っています。家族が出てくると、少し微笑んで（あるいは無表情のまま）片手を腰の辺りでチョコッと振り、帰国した家族が近づいてくるのをその場所でじっと待っています。そして、久しぶりに会う家族の顔を見るのもそこそこに、まずはじめに、家族が持っている大きな旅行カバンに手を伸ばします。荷物を持ってあげることが最大の愛情表現なのでしょうか。外国人のように抱き合ってキスするようなことはまずありません。

このような光景ひとつ取ってみても、身体接触をよくする国の人から見ると、日本人はとても冷たく見えるようです。

ボリビアから来た日系人が、「日本人はペットの犬猫はネコ可愛がりしてほおずりしたりキスしたりするのに、幼稚園にお迎えに行っても子供を抱きしめないのはなぜ？」と不思議がっていました。

「2年もホームステイした先の日本人家族が、別れ際に抱きしめてもくれなかった」と寂しがる外国人学生たちの声もよく耳にします。

逆に、喜怒哀楽を体で表現されることに異常なまでに感激してしまう日本人もいます。ある学生は、「2日間ホームステイしたカナダ人家庭で発熱したが、ホストファミリーが私の回復を喜んで抱きしめてくれた」と、日本に帰ってきてからたくさんの贈り物を郵送しました。日頃抱きしめられることに慣れていなかったために、相手の感情表現を過剰解釈してしまった例です。

日本人の親子関係、夫婦関係では、「愛してる」「あなたが大事」という気持ちをそのまことばや体で表現することは、あまりありません。特に人前ではそうです。

人と出会ったとき、お辞儀により挨拶を交わす私達は、握手することにも不慣れです。「日本人の握手は心もとない」と陰口をきかれるほど、相手の手をごく弱くしか握りません。しっかりと相手の目を見て、力強く手を握ることが、日本の「深くお辞儀をする」ことと同義だそうです。

もうずいぶん前になりますが、「男は黙ってサッポロビール」というコマーシャルが流行りましたが、このCMコピーに象徴されるように、日本人は、喜怒哀楽は直情的に表現するより胸の中にしまいこみ、クールを装うことを良しとします。

しかし、そのことが、外国の人たちから見ると、冷淡に映ってしまうようなのです。

夫婦でダブルベッドはお嫌い？

〝亭主元気で留守がいい〟日本人夫婦と〝夫婦はダブルベッドに一緒に寝るのが当たり前〟の欧米人。夫婦関係にもまったく違う形がある。

韓国、香港、シンガポールなど、日本人が3、4泊で気軽に出かける国に出張で行き、女一人でタクシーに乗ると、運転手に同じような質問をされます。

「教えて欲しい。どうして日本人は、夫婦で旅行をしないのか？」

日本人は、若いカップルは別として、中高年層の客は女同士、男同士で旅行している人がほとんどで、不思議だというのです。

また、欧米で旅行代理店を営んでいる外国人は、日本人夫婦の大半がホテルでツインの部屋を希望することに首をかしげています。欧米ではダブルベッドの部屋が基本で、ツインは少ないため、フルムーン旅行（中高年夫婦の旅行）で来た日本人客の希望を叶えるのは至難の業なのだそうです。

一方、日本のある企業が、アメリカ人の映画スターを招いた際、有名ホテルのスイートルームを用意しておいたところ、夫婦同伴で来日したスターから、「ベッドがツインなので部屋を換えろ」と強く言われ、対応に困ったという話も聞きました。そのホテルのスイートはツインのタイプしかなく、ダブルベッドはごく普通のレベルの部屋にしかなかったのだそうです。欧米では、夫婦はダブルベッドに一緒に寝るのが当り前なのです。

「一緒に旅行もしない、旅行してもツインベッドで別々に寝る日本人夫婦は仮面夫婦だ」と、海外では陰口を叩かれているようです。

そういえば、かつて、「タンスにゴン、亭主元気で留守がいい」というテレビCMが人気を博したことがありました。

アメリカとカナダで、このコマーシャルが流行った理由について、日本のCM研究者がいくら説明しても、半数は理解しなかったということが『広告の記号論』（ADSEC編著、日経広告研究所）に書かれていました。日本の夫婦関係や、家庭での家事分担がどうなっているのかを知らなければ、このCMコピーがなぜそれほど受けたのか理解されないのでしょう。

反対に、ヨーロッパの人に既婚か未婚かを尋ねると、「結婚していませんが、一緒に住んでいるボーイ（ガール）フレンドがいます」という答えが返ってくることがよくあります。彼らには戸籍という概念がなく、法律上の婚姻関係を結ぶことにあまり意味を見出さないようです。法的に婚姻届を出すのは、一緒に暮らして10年ぐらい経ち、子供が生まれたとき、ということもよくあるのです。

そういう実質重視のヨーロッパの人から見ると、戸籍上の婚姻関係に執着する日本人が理解できないようです。

彼らは、「日本のように紙切れ一枚だけでつながった夫婦より、我々の方が互いの結束も強く、互いの関係について責任も感じている。『結婚していますか』などという愚問をぶつけないで欲しい」と日本人にとっては手厳しいことを言われることがあります。

〝夫婦〟という形式にこだわる日本人、実質的な〝夫婦〟としての関係を重視するヨーロッパ人。夫婦関係にもそれぞれの国の形があるようです。

せっかくの旅行なのにダブルベッドかあ・・・

子供に甘い？　厳しい？

日本のしつけは欧米と比べると、良く言えば〝子どもへの思いやり〟がある。しかし一歩間違えると〝甘やかし〟になる。

大阪にKという私立高校があります。3年前にオーストラリアのA校と姉妹校の協定を結び、交換留学が始まりました。毎年、25名の生徒と引率教員2名が3週間ずつオーストラリアから来日し、オーストラリア人の生徒は日本人の生徒の家に、オーストラリア人の教員は日本人の教員の家にホームステイすることになっています。大阪からオーストラリアに留学するときも、まったく同じ条件で逆のやり方で実施します。

K校で教えている大野先生は、引率で来るオーストラリアの教員たちを見ていて、驚くことがあるそうです。

たとえば今年の夏休み。高校1年生のオーストラリア人の男子生徒が、最初の1週間で強制的に帰国させられたそうです。

その生徒は、日本語がよくでき、明るい性格だったのですが、日本食が合わず、食が細いので、このままでは健康に良くないと引率教員が強制帰国を判断したとのことです。帰国させることを決断するとすぐ、その男子生徒の親に国際電話をし、状況を話して、オーストラリアの空港まで迎えにくるよう要請したそうです。

大野先生は、「せっかく来日したのに生徒がかわいそう」と生徒に同情しました。ところが引率教員は、毅然とした態度でこう答えたそうです。

「我々はベストを尽くした。あなた方もホストファミリーも1週間手を尽くしてくれた。にもかかわらず生徒の食が変わらなかったのだから、早いうちに帰国させる方が生徒の体のためだ。食事が合わないのはその子自身の問題であり、そこから先は親が責任を持つべきだ。私の判断に誤りがあるように言われるのは心外だ」と。

交換留学する25名の選抜方法も、大阪のK校とオーストラリアのA校とでは異なっています。どちらの親も、子供の留学を切望する点では同じです。

A校では、成績と態度についてのデータに基づき、教員3名でじっくり面接をした結果、留学者を選び出します。自分の子供が選ばれなかった場合、親が教員に文句を言ってくるケースもよくあるそうです。そのようなとき、教員たちは、決定権は引率する教員側が持っていることを親に伝え、決して親の文句に耳を貸さないのだそうです。

一方、K校は、成績では目立つほどの差がつかないため、チャンスを公平に与えようということになり、抽選で25名を選ぶことに決めました。これなら、生徒からも親からも文句は出ないので、教員側も楽だからです。ところが、抽選で選ばれたK校の生徒は、オーストラリアで積極性が見られず、受け身でいることが多いのだそうです。

どういう基準で選抜するのか疑問に思ったオーストラリアの教員が「抽選」であることを知ったとき、「なんと無責任な選び方だ。フェアではない。意欲的で学習効果の高い優れた生徒を選ぶべきだ」と怒ったということです。

〝公平さ〟を重んじる日本の教育と、積極性を重んじるオーストラリアの教育。そもそもの生徒に対する姿勢の違いが選抜方法にも表れているのです。

子供に対する姿勢の違いは、小さな子供へのしつけにも見られます。

イギリス人女性のベティさんは、現在、妊娠しています。定期健診で病院に行くのですが、待合室で飛び回る小さな子供を見るたびに、なぜ日本の親は注意しないのかと不思議に思うそうです。

イギリスでは、子供が成人するまでは、親の責任として、毅然とした態度で、して良いことと悪いことの区別を子供にしつけます。自分の子供が公共の場で騒いでいるのに、雑誌に夢中で、子供に注意を払わない母親が多いのを見るにつけ、ベティさんは、出産後、日本で子育てしていくことに強い不安を覚えると言っています。

イギリスでは、犬のしつけも行き届いています。レストランでも、テーブルの脇におとなしく座り、決して主人の食べている料理を欲しがったりしません。人間と犬とは違うということと、人間が犬の主人であることを、徹底的にトレーニングした結果だそうです。イギリス人からは、「日本人の子供は、イギリスの犬よりしつけが悪い」とよく言われます。

『美しいことばの抽きだし』（藤久ミネ著・ＰＨＰ研究所）に、こんなエッセイがありました。

〝バスの中をはしゃぎまわっている幼児に、最初は知らぬ顔をしていた母親が、「騒いでばっかりいて、いまに運転手さんに叱られるからね」と大声を上げたそうです。そのとき、バスの運転手が、マイクで、「そういうことについて、バスの運転手は怒りません。行儀の悪い子を叱るのは、各自、お母さんにお願いします」と放送し、バスは静かに動きだした〟ということです。

日本のしつけの方法は、欧米と比較すると、子供の気持ちを尊重して、子供に添った「思いやり」重視の情意的な方法だと言われています。

一方、欧米では日本とは対照的に、未成年者に対しては、親や教師の教育的権威は絶対的で、「原理原則」重視だと言われています。

どちらかいいか悪いかは簡単に言えることではありませんが、日本の情意的な教育方法が、公共心や自制心を養うのを阻んでいる面もあるのかもしれません。

「だれそれに怒られるよ」などと責任転嫁をするのではなく、きちんと子供と対峙できる親でありたいものです。

日本の学生は保育園児？

目上の人を敬うアジアからの留学生と、礼節を失くした日本の学生。子供のご機嫌をとる日本の風潮は物笑いの種。

かつて、私の勤務校にウイグル族の研究生が来ていました。大学のラウンジで彼女を見つけ、同席しようと思って声をかけると、彼女はいつもスッと立ち上がって挨拶し、私が腰掛けるのを待ってから座ったものでした。

あるとき、ウイグル族の友人が集まってパーティをしているから来ないかと誘われ、遅れて出かけて行ってみると、皆で畳の上に円形に座していました。宴もたけなわだったにもかかわらず、全員サッと立ち上がり、一人ひとり私に丁寧に挨拶してくれたのです。

私が仲間に入れてもらってからは、それまで飲んでいたお酒はピタッとやめてしまいました。私がいくらお酒を勧めても決して飲もうとしませんでした。ウイグル族は、年長者や目上の人の前ではタバコやお酒を控えるからです。

韓国でも目上の人の前でタバコは吸いません。お酒もそうですが、目上の人から杯を勧められた場合は、右手の肘に左手を添えて杯を受け、体を横に向けて飲みます。目上の人の目の前で酒を飲むのは失礼に当たるので、目線を避けて口をつけることで敬意を表すのです。韓国では、目上の人や客にものを渡すときも右手の肘に左手を添えます。タイ、ベトナムでも同じジェスチャーを見ることがあります。

インドネシアでは、両親を敬い、両親に対して乱暴な言葉使いをしないことが重んじられます。目上を敬うマナーを小さい頃から厳しくしつけられ、しつけが悪いと母親が非難の的になるのだそうです。子供は、無作法により父母に恥をかかせることのないよう気を配ると言います。

タイやミャンマーでも、年上の人の前を横切るときは必ず頭を下げ、食事のときは年長者が食べ始めるまで口をつけないなど、年上に対して敬意を示す習慣が守られています。

翻って、日本の学生とのパーティは、さながら保育園の給食時間のようです。皆、自分の分を確保することに必死で、教員にお皿を回すことすらしません。料理を覆っているラップを外したりボトルの栓を抜いたりするのは、教員がするものだと思っているようです。家庭で、上げ膳据え膳で大事に大事に育てられている様子が手に取るようにうかがえます。

アジアからの留学生は、そんな日本の学生たちを冷ややかに見つめています。アジアからの若者には情があり礼節をわきまえた人が多く、日本人が失ってしまったものに気づかせられます。

平等主義や放任主義を都合よく解釈して、子供のご機嫌をとる日本の風潮は、他のアジア諸国の物笑いの種でしかありません。日本人は、過去に置いてきぼりにした忘れ物を、もう一度探し出してみる時期に来ているのかもしれません。

アメとムチは使い様

人前で平気で注意し、なかなかほめない日本人。積極的にほめられることに慣れている外国人には物足りないようで……。

高校2年生の良太さんは、両親は日本人ですが、お父さんの仕事の関係で、小学校1年生から5年生までアメリカの小学校に通っていました。

アメリカでは、先生方からよくほめられたそうです。授業中、良い発言をしたときやスポーツでうまくいったとき、「すごい」「上手だ」「よくできたね」などと先生がすぐ反応してくれたので、とても積極的になれたのだそうです。

ところが、日本に帰国したら、日本人の先生はほめることが少ないので、すっかりやる気を失くしてしまったと言います。日本で先生が生徒に称賛を送るのは、個人の生徒に対してではなく、グループ活動に対してだけとのこと。

香港で小学校高学年から中学時代を過ごした智己さんも、香港の先生によくほめてもらったと言います。

智己さんは、日本の高校に進学したのですが、友達の家に遊びに行ったとき、友達のお母さんが、智己さんの目の前で友達を叱るのを見て、とても驚いたそうです。それで、「僕のいないところで○○君を叱ってください。○○君がかわいそうです」とかばってしまったと言っています。

良太さんや智己さんのように、子供時代を海外で過ごした日本人の中には、このようにほめられることが少なく、皆の前で注意されることの多い日本の学校に馴染めず、鬱屈したという人が多くいます。

同じようなことが、職場でも起こっています。

最近、日本の専門学校や大学に留学した外国人が、卒業後、「学んだ日本語と専門知識を活かしたい」「日本と母国との経済交流に役立ちたい」という動機から、日本企業に就職することが多くなってきました。ところが、いざ働きはじめると、フラストレーションを募らせ、勤労意欲を失ってしまうのです。

中国人の余さんとベトナム人のティンさんは、ＩＴ産業で働いていますが、二人とも上司に不満があると言います。

まず、上司からの指示でした仕事を持っていったときの上司の態度です。

「『ごくろうさん』と言うだけ」「良い点を見るより、アラを探して指摘する」「何度やり直してもなかなか満足してくれない」「信頼して任せているという実感をもたせてくれない」「建設的に意見を言っても、不快そうな面持ちでしか応対してくれない」。

ティンさんは、「ベトナムでは、仕事の結果が良ければ、上司は言葉でねぎらうだけでなく食事に誘ってくれたりするのに」とこぼします。

その上、日本の上司は、面子を無視するということです。

「他の人の前で平気で注意する」「評価を直接言ってくれずに他の人に言う」。

余さんは、「注意するなら、個室に呼んで個人的に注意して欲しい。そうでないと、注意された内容より、面子をつぶされた屈辱感しか残らない」と主張します。

日本では、集団主義が重んじられる傾向が強いため、ほめる場合は集団をほめ、個人の成果を重んじないところがあります。また、完璧な仕事を当然視しますので、上司は、少しでも不完全なところがあれば、それを指摘することが大切だと考えがちです。

人前で注意するのも、評価を直接本人に言わずに他の人に伝えるのも、仕事の成果は集団で責任を負うものととらえるからだと思われます。

確かに、それが日本流のほめ方、叱り方だとはいえ、そろそろ日本人も、外国人のアメとムチの使い方を知る必要があるかもしれません。

カラオケにつき合わないのはわがまま？

会社の規則、社員旅行、人づき合い……。日本式の会社の流儀に馴染めない外国人社員たちは〝わがまま〟と呼ばれるが……。

東京の企業で働くアメリカ人女性ジュリアさんは、日本人の母親を持ち、家庭では英語と日本語の完全なバイリンガルで育てられました。来日して2年目ですが、同僚や上司から、「わがままだ」と陰口をきかれることが多いのだそうです。

そう言われるようになったきっかけは、入社早々の健康診断です。社員全員が受けることになっている健康診断で、ジュリアさんは、レントゲンとバリウムの検査を拒否したのです。

レントゲンは、発ガン作用があることで知られていて、アメリカではよほどのことがない限り撮ったりしないからです。バリウムも同じ。放射線を体に当てることは人体に有害なので、重病でもない限り、そんな検査を受けることは考えられないのだそうです。

上司からは、「会社の規則に従え。特にレントゲンを受けないなんて、もっての外。もし結核にかかっていたら他の社員に迷惑がかかる。自分勝手は許されない」と言われたそうですが、ジュリアさんは、「自分の健康は自己責任。自分の体に有害な検査を避けるのは当然の権利だ」と主張しました。

また、こんなこともありました。

入社して半年経った頃、社員旅行がありました。ジュリアさんは、同僚や先輩の女性たちに温泉に入ろうと誘われても、決して入りませんでした。ジュリアさんには入浴の習慣がなく、シャワーで十分でしたし、他人と一緒に裸になって同じ湯につかるなんて、とんでもないと思ったからです。旅行の後、彼女と会社の同僚たちとの関係がギクシャクし始めました。

さらに、会社の忘年会の日、2次会はカラオケでした。ジュリアさんはカラオケが嫌いなので、「疲れているから」と断ったら、「つき合いが悪い」「皆につき合うのも仕事のうちだよ」と先輩からいろいろ言われ、とても腹が立ったということです。

「社員旅行も忘年会も仕事の一部だとわかっているからこそ、本当はイヤだけど参加した。

でも、温泉に一緒に入るかどうかは私が決めること。2次会のカラオケは、全員参加の義務はなかったはず。どうして何でも皆と一緒でなければならないのか」

彼女はいま会社で大きなストレスを感じています。

一方、マレーシアに進出した日系企業では、現地の従業員が朝のラジオ体操をめぐってストライキを起こしたそうです。

「ラジオ体操は始業前の健康づくりにいい」「日本では皆やっている」とする雇用主と、「健康は自分のもの。いつ体操するかは自分で決める」とする従業員との間で決着がつかないようです。

日本には昔から「郷には入れば郷に従え」という諺がありますが、企業もますます国際化が進む昨今、個人主義と集団主義のせめぎ合いは難しい問題のようです。

「皆と同じ」は良いこと？

「郷には入れば郷に従え」「出る杭は打たれる」という日本人特有の社会規範は、個性重視の欧米人からは批判の的。

子供が親に物をねだるとき、日本では、「みんな持ってるもん」というセリフが殺し文句として使われます。実際、そう言われると、持っていない自分の子供が不憫になり、つい買い与えてしまう親が多いようです。

このように、「皆と同じ」にすることを好む日本人は、「郷に入れば郷に従え」とばかりに周囲に合わせ、「出る杭は打たれる」ことを避け、集団に埋没することで安心します。これは、「ムラ」という生活共同体で、相互に助け合いつつ、「ムラ」のルールを守り、争いを避け、他人との調和を重んじて生きてきた知恵が、日本人のＤＮＡに組み込まれているからです。この性向は、よく欧米から批判されることですが、実は、デンマークにも、これと同じような考え方があるのです。

デンマークには、「ヤンテの掟」というものがあります。デンマーク人なら誰でも知っている掟で、デンマーク人の行動規範をよく表しているものです。

「ヤンテ」は、小説上の架空の町の名前で、デンマークの作家アクセル・サンデモーセが1933年に出版した小説の中の舞台です。その町の住人が守るべき10の戒律が、「ヤンテの掟」です。

たとえば、「自分が人より優れていると思うな」とか「自分以上の人間はいないと思うな」とかいった戒律で、その中には、集団の中で目立った行動を避け、画一的な行動を尊ぶ考え方が反映されています。実際、デンマークの人たちは、人の話には「そうですね」と同調し、あまり喜怒哀楽を激しく表しません。ドイツやフランスの人からは、「デンマーク人は何を考えているのかわかりにくい」と批評されています。

一方、ブラジルでは、「Maria vai com as outras」（マリアは外の人たちと行く）という表現があります。これは、「マリアは外の人たちに合わせる」という意味で、皆と同じことをすることを否定的にとらえています。ブラジルでは、人と異なる意見を持つことが奨励され、「自分は自分らしくあれ」と子供たちは小さいころから個性重視の考え方に基づいてしつけられるのです。

そのような教育を受けてきた日系ブラジル人の子供たちが、いま、日本に急増していま す。彼らは、来日して、日本の学校に入るのですが、日本の集団主義的な学校文化にはなかなか適応できません。

彼らに、「皆と同じであれ」と指導していいのでしょうか。

もしかしたら、彼らに一方的に適応を強いるばかりではなく、私たちの方も、彼らから学ぶことがあるのかもしれません。

社長はどちら?

男尊女卑の傾向がいまだに残る日本では、女性社長への扱いにも偏見がある。その点、日本はまだ〝後進国〟のようだ。

タイ人女性のソニアさんは、大学と大学院をイギリスで修了し、タイに金属関係の工場を複数持つ女性社長です。

そのソニアさんが男性の部下を連れ、出張で日本へやって来ました。初来日のソニアさんは、精力的に取引先を回って関係を強化しようと、やる気満々でした。ところが、5日間の出張を終えた彼女は、「もう日本には金輪際来たくない」とげんなりしています。

ソニアさんをうんざりさせたのは、日本企業の応対でした。どこに行っても、部下の男性の方が、先に部屋に通されたり名刺交換させられたりして、ソニアさんは常に秘書扱いだったのです。それどころか、ソニアさんの方が社長だとわかると、「タイのような後進国で、女性が社長になるとは大したものだ」とコメントした老齢の日本人社長もいたというのです。その口ぶりに、ソニアさんは「欧米の女性なら別だが、アジアの後進国の女性でよくもまあ」という偏見を強く感じ、とても不快になったそうです。

確かに、一般的に言えば、タイの方が日本よりも男尊女卑の社会であり、女性は家庭にいるものだという意識も根強いです。しかし、階級社会の国では、新興国であっても、女性の社会進出が日本以上に進んでいるということはよくあることなのです。そのあたりが、均質的な社会である日本人には理解しにくいところでしょう。

国連開発計画が出している『人間開発報告書２００４』によると、女性の国会議員・政府高官・企業管理職の割合は、日本は10%ですが、アジアのトップであるフィリピンは58%、タイは27%で2番目です。次いで、シンガポール26%、マレーシア20%で、いずれも日本より多いことがわかります。さらに、『男女共同参画統計データブック２００６』を見ると、日本の女性国会議員の割合は、世界１８５カ国中１３２位です。ちなみに儒教精神の強い韓国は52位。

社会的地位のある女性が少ない日本は、他の国から見ると、まだまだ「遅れている」国でしかないということのようです。

未熟がお好き？

昔から〝女房と畳は新しい方がいい〟という日本。成熟した女性より可愛い女性を求める日本人はまだまだ未熟!?

来日して1年経ったフランス人男性のアランさんは、日本語はまだ十分ではありませんが、自宅では日本語のリズムに慣れようと極力テレビをつけるようにしています。

そんなアランさんは、日本の女性アナウンサーの声が「高くて聞きづらい」と感じるそうです。トーンが高いだけでなく、落ち着きがなく、子供っぽく聞こえると言います。

アランさんいわく、

「テレビを観ていると、日本では、舌足らずで未熟な女性が好かれるようだ。そういう女性は男性にコンプレックスを与えないからだろう。日本の男性はカラ威張りが多いから」

韓流ドラマブームのきっかけとなった韓国ドラマのある主演女優は、日本では大変な人気でした。しかし、韓国では、「舌足らずで幼稚っぽい」と言われ、人気はいま一つだったそうです。

確かに、日本では、「可愛い女性」が好まれる傾向があります。ある年齢を超えた女性を「元女性」（以前は女性であったが、いまは女性として認知されない）と呼んだりすることからも、それは明らかです。

フランスでは、「女とワインは古い方がいい」という諺がありますが、日本では逆に、「女房と畳は新しい方がいい」と言います。

一般に、ヨーロッパ社会では、成熟した女性を魅力があるととらえる傾向があります。魅力的な女性を形容する表現として、筆頭に挙げられるのは「セクシー」、次が「エレガント」とのこと。そういう国の人から見ると、日本人のボジョレーヌーヴォー好きは、女性に対する好みにも通じていて、女性にしろ、ワインにしろ、「日本人はまだまだ未熟」と奇異に感じられるようです。

また、アランさんがもう一つ我慢できないのは、日本女性の意味不明の笑顔だそうです。

アランさんが部下の女性に仕事の失敗を指摘している最中、その女性は（アランさんから見れば）終始ニヤニヤしていたのだそうです。アランさんは、「馬鹿にしながら聞いているのか！　真面目に聞け！」と心底腹が立ったとのことですが、おそらく、その女性は照れ隠しの笑みを浮かべていたのでしょう。

喜怒哀楽をストレートに顔に出すことを避け、平静を装うために、また、その場を丸くおさめようとして笑顔を作るのだと推察しますが、日本女性の照れ隠しの笑みは、よく誤解の元になります。こういう場合、フランス女性なら、真剣な面持ちで、まっすぐ上司の目を見て、冷静に話を聞くでしょう。プロ意識の高い仕事人に甘えは許されませんから。

「日本の女性の顔は、少女の顔か母親の顔のいずれかに二分される。女の顔がない」

こう言ったのは、チェコの映画監督でした。女性としては、耳の痛い話です。

ヨーロッパや中近東で、観光地の土産物店の人に尋ねると、中国人、韓国人と日本人の区別は瞬時につくと言います。

この三者は、服装では区別がつかないのだそうです。強いて挙げれば、日本人客は、季節を問わず、帽子をかぶっているので見分けがつくと言います。

はっきりわかるのは、姿勢からです。「特に若い日本女性の姿勢の悪さは顕著だ」と、その姿勢を真似て見せてくれます。

猫背でお腹の力を抜き、あごを出して膝が曲がっています。歩くときは、かかとを引きずって歩き、レストランやカフェで座っているときは、腰を抜いて、あごを出して、髪をいじっているのだそうです。

確かに、海外から成田空港に戻ってきたとき、入国審査の列に並んだ若い人を見ると、外国人の列に並んだ中国人、韓国人の姿勢の良さと、日本人の列の人の姿勢の悪さは対照的です。男尊女卑の社会で、女性は小さく、可愛く、目立たずにいることが美徳とされたからでしょうか。

『身体感覚を取り戻す』（斎藤孝著、日本放送出版協会）の中で、生きていくうえでの基本をしっかりしつける親の役割が軽視されたことで、日本人が腰肚文化を失い、身体の中心感覚を失ったと述べられています。そして、「腰と肚が決まっていれば背骨はその上に正しく据えられることになり、背筋は自然と伸びる」と、失った身体感覚を取り戻すことを提唱しています。

フランス、イタリアの高級ブティックで、日本女性が服を物色しているのを、「あんなに姿勢が悪く、膝が伸びていないのなら、いくらブランドの服を着ても着映えがしないよ」と土産物店の人たちは冷ややかな眼差しで見ています。ブティックの店員も、「日本人の女性には売りたくない。似合わないし、ブランドの価値を下げるだけ」と、辛らつです。

女性としては本当に耳の痛い話ばかりですが、世界中どこにいても恥ずかしくないような、背筋と膝がピンと伸びて姿勢のいい若い日本女性の登場が待たれます。

あの〜 この格好 そろそろ 無理が…
いいの いいの！ それが一番 ウケるん だから

Column

舌打ち

スイス女性ハンナさんは、日本人男性が不都合な話をするとき、「えー、実はですねぇ（スー）、いいんですけど、コストがですねぇ（スー）」と、前歯の上の歯と下の歯の間から「スー」と空気をすする音をさせながら話すのが気になるそうです。また、人前で平気であくびをする男性が多いのも、「信じられないほど失礼なことだ」と言います。ヨーロッパでは、人前でのあくびはもっともマナーに外れたことのようです。前の晩の残業がこたえているだけの自然現象かもしれませんが、他の文化から見ると、手厳しく批判される対象になってしまうのですね。

反対に、日本人が外国人の立てる音を厳しく批判するケースもあります。2007年12月1日付『スポーツ報知』に、「謝罪直後に報道陣に舌打ち逆ギレ」という見出しで朝青龍の謝罪会見の様子を報じた記事が出ていました。朝青龍は、怪我を理由に本場所を休場し、その間にサッカーをしたことでペナルティを受け、モンゴルに帰国していました。この記事では、再出発を期しての記者会見の質疑応答で、朝青龍が17回も舌打ちしたことに触れ、反省どころか報道陣に「逆ギレ」したことが批判的に書かれています。

日本人がする舌打ちは、相手の行為に非難の目を向けたり、相手を侮蔑するメッセージであることが多いです。しかし、中国人やモンゴル人のする舌打ちは、相手に対するものではなく、自分にとって不都合なことが起きたり自分自身が失敗したりしたときに、「まずかったな」という気持ちですることが多いのです。それゆえ、中国、モンゴルの人たちは、日本人より頻繁に舌打ちをする傾向があります。

朝青龍がどういう気持ちで17回も舌打ちしたのか本人でなければ真意はわかりませんが、「舌打ち＝逆ギレ」と単純に日本流に解釈されてしまったのだとすれば、同情の余地があると思うのですが……。

第四章

日本人の"当たり前"は世界の"?"

「しょう油とたくあんの匂い」はお嫌い？

日本人には香ばしい匂いも外国人にとっては我慢できない臭いになることもある。匂いの好き嫌いは生理的な問題だけに難しい……。

外国の空港に降り立ったとき、その土地特有の匂いを感じることがありますね。たとえば、ソウルの空港はキムチの匂いがしますし、ブラジルはパパイアの匂いがします。「日本の国際空港はしょう油かたくあんの匂いがする」と、外国人から言われます。食べ物の匂いは、その食べ物に馴染んでいる人にとってはいい匂いなのですが、そうでない人にとっては耐えがたいものとして受け取られるので、面倒です。

スイスの氷河特急は、日本人観光客に人気のスポットです。始発から終点まで8時間の電車の旅を、日本人観光客は一等席で満喫します。が、日本人観光客と居合わせたヨーロッパ諸国の観光客からは、必ずクレームがつくというのです。

原因は、日本の旅行社が途中駅で日本食レストランから運び込む弁当にあります。昼時になると、日本人が弁当のふたを一斉に開けるのですが、そのとき車内にプーンと広がるしょう油とたくあんの匂い。これが我慢ならないそうで、「こんな匂いの強いものを公共の交通機関で食べるなんて、マナー知らずも甚だしい。そんな人たちは一等車に乗る資格はない」と、すごい剣幕で車掌に訴えるヨーロッパ人が必ずいるということです。

20年ぐらい前、ヨーロッパから来日し長期滞在した人たちに聞いた話ですが、彼らにとって日本で一番馴染めなかった匂いが、朝食時にあちこちから匂ってくるカツオだしの匂いと味噌汁の匂いとのことでした。

イギリスに赴任した家族が住宅を借りようとしたとき、「日本人は魚でだしをとるから、匂いがしみつく」と言って断られるという話もよく耳にします。

反対に、日本では、中国人が家を借りようとすると、「八角の匂いがしみつく」と言い、韓国人が借りようとすれば、「にんにくの匂いがしみつく」と言って断るようです。

また、アメリカ人の何人かは、「サンマを焼くときの匂いが遺体を焼いているときの匂いのように感じられ、苦手だ」と答えました。同様に、「焼き餅のしょう油の焦げた匂いが我慢できない」という外国人も多くいます。

日本人にとっては香ばしい匂いに感じるものですが、文化によりさまざまなのですね。

以前のこと、中国と韓国からの財界の要人らを5日間泊める宿泊先として、地方のある伝統旅館に白羽の矢が立ちました。経営者は大喜び。さっそく受け入れ体制を整え、費用を負担する日本側の主催者の幹部に下見に来てもらいました。畳は入れ替え、屏風やふすまも一新し、「和のおもてなしの心」をアピールしたのです。主催者も「これなら大丈夫だろう」と満足し、その旅館にすべてを任せることにしました。

ところが、一行が到着した翌朝、「旅館をホテルに変えて欲しい」という要請が要人代表者から主催者側に入ったのです。その理由は、「畳の匂いが耐えがたくて、とても寝られない」というものでした。

日本では、「女房と畳は新しい方がいい」という表現もあるほど、新しい畳は好ましいものとされています。青々とした井草は目に美しく、日本人なら井草の香りも芳しいものとして天然の癒し効果を感じます。

それが、中国の人たちにも韓国の人たちにも、そこにはこれ以上はいられないと思わせるほど嫌がられたのです。これには、主催者も突然キャンセルされた旅館の経営者も納得できませんでした。

「せっかくのもてなしの心がわからないのだろうか」と。

私にも似たような経験があります。あるラテン系の国に招待されたときです。リビング付きの広々としたホテルの一室に案内されたのですが、入った途端、むせ返るようなじゃ香の匂い。リビングのテーブルと寝室のベッド脇に、「ホテルのマネージャーからのおもてなし」というメッセージカードが添えられ、原色のポプリが器に山盛りになっていました。その甘ったるい強い香りに私はどうしても馴染めず、ポプリをビニール袋に入れて密封したのですが、その夜は匂いが気になって寝つけませんでした。

日本人にとってはいい匂いが外国人にとっては嫌な臭いに。逆に外国人にとってはいい匂いが日本人には嫌な臭いに。

匂いは生理的な問題。「これは相手のもてなしなのだ」「この匂いはこの国の文化なのだ」と、頭でわかっていてもどうにもならないところが厄介です。

トイレットペーパーと音姫

トイレの習慣にもそれぞれの国の事情がある。トイレットペーパーひとつ取ってもさまざま。知らずに入ると、用を足した後に慌てる羽目に……。

ブラジル人が住んでいる社員寮で、こんなことがありました。

その寮の掃除は、専門の清掃会社が請け負っているのですが、掃除人の間で、トイレのことが話題になっていました。女性用のトイレの個室には生理用の汚物入れが備えつけられているのですが、その汚物入れがすぐ溢れるほどになるばかりか、汚物入れの中身がトイレットペーパーばかりだということが解せなかったからです。

そこで、あるとき、掃除会社の責任者が寮の管理者に事情を説明し、「トイレットペーパーの無駄遣いはもったいない」と、進言しました。管理者は早速、寮の住人に注意を促しました。すると、まったく思いがけない反応が返ってきたというのです。

ブラジルでは、下水処理の関係で、使用済みのトイレットペーパーはトイレに流しません。便器の横に置かれているゴミ箱に捨てるのです。寮の住人たちは、その習慣を日本に持ち込んで、使用済みのトイレットペーパーを流さずに、汚物入れに捨てていたのです。日本ではトイレットペーパーは水に流せるということを知らなかったのです。

使用済みのトイレットペーパーを流せない国は、ブラジルだけでなく、中南米、韓国、タイ、スペイン南部、ポルトガル北部など、他にもあります。そういう国の人たちは、「このトイレはペーパーが流せます」という貼り紙を見ても、つい習慣でゴミ箱を探してしまい、流すことができないと言います。

逆に日本人がそういう国に行った場合、「使用後、トイレットペーパーを流さないでください」という貼り紙に気づいていても、いつもの癖で流してしまい、トイレを詰まらせ、迷惑をかけてしまう危険性があるわけです。

トイレットペーパーが備えつけられている場所が問題になるケースもあります。日本では、トイレが複数並んでいる公共トイレでも、各個室にペーパーが備えつけられています。しかし、中国や韓国では、トイレの入口付近に、車のタイヤのようにジャンボなトイレットペーパーが設置してあって、個室に入る前に各自必要な分だけ持って入るシステムが見られます。日本人は、そのシステムに気づかずに個室に入り、用を足した後に慌てる羽目に陥るのです。

また、日本の和式トイレが一段上がったところにある場合、洋式のようにドアの方を向いて便器に腰掛けてしまう外国人がよくいます。それは、日本のようにドアを背にして壁を向くトイレは世界的に見ても多くはないからです。敵が入ってきたときに自己防衛できるよう、ドアの方を向いて用を足すトイレが多いのです。そういう意味では、日本の和式トイレは無防備で大らかだと言えます。

さらに、トイレ使用後に、紙を使って拭くことに慣れている日本人は、東南アジア、インド、トルコ、イラン、エジプトなどで、水桶が置かれていたり水道からホースがつながっていたりするのを見ても、紙で拭くのではなく水で洗い流すという習慣の違いに思いが至らず、「どうしてトイレットペーパーがないのだ」と怒りをあらわにしてしまいがちです。

マレーシアに赴任していた日本人商社マンが、水で処理をするトイレに馴染めず、トイレットペーパーをトイレの棚に持ち込んだそうです。

ところが、メイドが掃除に来るたびに、そのペーパーがなくなります。珍しいから家に持ち帰ってしまうのだろうかと疑ったそうですが、そうではありませんでした。メイドは、トイレットペーパーを彼の書斎に持って行き、積み上げていたのです。マレーシア人にとって、「紙は書斎で書きものをするために使うもの」なので、トイレで使っているということがわからなかったのです。

逆に、日本に住み始めたばかりの外国人女性が日本のトイレで驚くものの一つに、「音姫」があります。日本人でも男性は知らない人がいるようですが、「音姫」は女性トイレの壁についていて、スイッチを押すと水の流れる音がスピーカーから聞こえ、トイレ使用中の音を消してくれる消音装置です。

日本の女性は、トイレの音を他人に聞かれることを恥ずかしいと感じるため、水洗トイレの水を使用中と使用後の二度流すことが多いのです。そこで、水の無駄遣いをなくそうと開発されたのが「音姫」です。ネーミングが『浦島太郎』に出てくる「乙姫」にかけているので親しみやすく、あっという間に全国に広まりました。

しかし、「音姫」が海を越えて海外に普及したという話は聞きません。どうやら、トイレの音を恥ずかしがるのは日本の女性だけのようです。

「お風呂につかる」のは不潔？

日本人にとってはバスタブにつかるのが当たり前のお風呂。しかし、入浴習慣がない国の人には日本人の風呂好きはまったく理解できない。


お風呂がない生活に耐えられますか？　シャワーだけあれば、問題ないでしょうか？

日本人なら、「入浴ができないのはつらい」と感じる人が多いと思います。その証拠に、旅行代理店の海外旅行担当者の話によると、日本人旅行客の大半が、海外のホテルを決める際、バスタブにこだわるというのです。バスタブにつかる習慣がなく、半畳ほどの四角いシャワールームしかない国へ案内する際は、パンフレットに「バスタブはありません」と明記しないと、後でトラブルの原因になるのだそうです。

私たち日本人にとって、入浴は、単に清潔を保つためだけのものではなく、ゆったりとお湯につかることによって、リラックスし、体の疲れをとるために必要なものです。

他の先進国と比べて、日本では、成人の運動量が著しく少ないわりに生活習慣病が少なく、高齢者になっても体の麻痺が起こりにくいと言われています。その理由は、低カロリーの日本食によるものだけでなく、毎日の入浴習慣によって血行が良くなり、体の伸縮がしやすい状態を保っているからだということです。

一方、入浴習慣がない国の人たちから見ると、日本人の風呂好きはまったく理解しがたいものに映るようです。特に、家族全員が同じお湯につかるというと、「不潔で信じがたい」と言います。

アメリカ人の高校生を預かった家庭で、初日、その高校生にお風呂に最初に入るよう勧めたところ、次に家族が入ろうとしたら、お風呂の栓が抜かれていて、バスタブは空だったそうです。

こういう話はよく聞きます。欧米の人たちも、時おりバスタブに湯を張り、入浴をしますが、バスタブの中で体を洗うため、同じお湯に別の人が入るということは想像だにしないのです。

もっとも、温泉があるのは日本だけではなく、入浴習慣のないアメリカ、ニュージーランド、ヨーロッパの国々にもあります。ただ、それらの国では温泉に裸で入るのではなく、水着を着て入るので、温水プールのイメージに近いものです。そのため、温泉に行くという行為も、日本では情緒的な響きがありますが、海外では、むしろアウトドアのレジャーの一つとしてとらえるようです。

ちなみに入浴の歴史を紐解いてみると、古代ギリシャでは紀元前五世紀から公衆浴場が存在します。当時は、清潔を保つことが信仰的であると考えられていたため、使用は身分の高い人と宗教者に限られていたようです。それが徐々に大衆化し、有名なローマのカラカラ大浴場のような共同浴場が造られ、入浴が娯楽化しました。その頃は、西洋にも入浴の習慣はあったのです。

ところが、共同浴場が次第に風俗的になっていく風潮に対し、敬虔なクリスチャンから退廃を招くとの避難が起こります。また、共同入浴はペストなどの伝染病や皮膚病にかかりやすくなると敬遠される傾向も強まり、西洋では次第にシャワーが主流になっていったようです。

一方、日本でも、『古事記』や『日本書記』に天皇が温泉に入ったという記録が見られるほど、入浴の歴史は古いです。また、日本でも、はじめは仏教者が汚れを落とす禊払いのための沐浴を必要としたところから、寺院に湯堂が造られました。それが、徐々に参拝者に開放されていったようです。

庶民に入浴が広まったのは安土桃山時代に銭湯ができてからですが、当時の風呂は蒸し風呂でした。その後、時代を経て半身浴から全身浴に移行し、現在のような内風呂が一般化したのは戦後のことです。

「日本の風呂は熱すぎる」と外国人からよく言われますが、確かに日本の風呂の温度は世界的に見ても高いようです。高い温度が好まれるのは、日本が高温多湿だからだと言われています。伝統的な日本家屋は、夏にしのぎやすいよう風通しよく造られます。そのため、冬は体を温める目的で高温の入浴が好まれ、夏は蒸し暑さにより発汗した体をさっぱりさせるために、これまた熱い風呂が好まれるということです。


お風呂に関することで言えば、日本では、風邪を引いたら入浴を控えます。入浴をすると湯冷めが心配ですし、体力も消耗するからです。

ところが、入浴を控えさせる国は、実は少数派なのです。

ヨーロッパや中近東では、日頃はシャワーが習慣であっても、「風邪を引いたときこそ風呂に入れ」と言うようです。西洋のバスタブは浅くて横長で、お湯の温度も日本と比べるとずっとぬるめですから、ハーブの精油を入れれば、リラックス効果があり、血行も良くなるので、医者も入浴を勧めると言います。

一方、風邪で熱のあるときは、体を冷やすほうがいいと考える国もあります。アメリカやカナダでは、水風呂に氷を入れて体を冷やすそうです。フィリピンでも、脇の下などリンパのあたりに氷を当てて冷やすと言います。

同じお風呂といっても各国のお国柄によって入浴の仕方もそれぞれのようです。

洗濯物を干さないで！

〝洗濯物は外に干す〟と思っているのは日本人のイメージ。〝下着にもアイロンをかける〟フランス流、乾燥機社会のアメリカと洗濯事情もいろいろ。

駐在員に任じられたご主人とパリに住み始めた美智子さんの住まいはビルの5階で、洒落た造りのバルコニーが道に面しています。

ある日、自宅の入口のドアのベルが鳴りました。まだ引っ越したばかりで、知り合いなどいません。誰だろうと思いながらドアを開けると、警官でした。警官は、険しい顔でこう言ったそうです。

「バルコニーに干してある洗濯物をすぐ撤去せよ」

日本人は、洗濯物は外に干すものだと思っています。むろん冬の雪国や花粉症の人の場合は例外ですが、洗濯物を太陽に当て、パリッと乾かすことを良しとしている人が多いと思います。洗濯用洗剤のテレビCMを見ればわかるように、日本人の洗濯物のイメージは、青空と太陽の下、白く輝いています。

しかし、海外では、パリのように、景観保護のために洗濯物を外に干すことを禁じているところがあるのです。ジュネーブ、ベルリン、ニューヨークなどの都会でも同じです。国というより、都市ごと、地区やストリートごとだったり、建物ごとのルールだったりします。フランスやアメリカでも、田舎に行けば、広々とした敷地にロープを張り、シーツを干している光景を目にすることがありますが、大都会で洗濯物を外に干しているのを見ることは、まずありません。

海外の観光地で、日本人客が多いホテルの部屋に、「洗濯した下着や靴下をベランダに干さないでください」と日本語で書かれた注意書きが置いてあることがあります。よほど外に洗濯物を干す日本人が多いと見えます。

パリの日用品店に行くと、浴室などに置く室内用の洗濯物干しを見かけますが、どれも窓際に置いたときに窓の丈を超えない高さに作られているのが特徴的で、それほど外から洗濯物が見えるのを避けていることがうかがえます。

「洗濯物は室内干しにして、最後の仕上げにアイロンをかけるのがフランス風だ」とフランス人は言います。干しただけでは乾ききらないので、下着もアイロンをかけるのだそうです。

一方、アメリカは乾燥機社会です。ビルの地下などにランドリーがあり、大きな洗濯機と乾燥機がズラリと並んでいます。

「乾燥機を使うので、布地がすぐ痛んでしまう」と日本製の洋服を持っていった日本人はこぼすのですが……。

洗濯物の乾かし方にも各国の流儀があることをつくづく思い知らされます。

表札は危険？

日本では当たり前の「表札」も外国人から見ると奇妙な習慣に見える。〝プライバシーをさらけ出している〟ようで不安になるという。


中国からの留学生が、日本に住み始めて驚くことは、各家庭に表札が出ていることだそうです。番地が書いてあるだけでなく、表札には苗字が彫られていて、郵便受けには家族全員の名前が書かれていたりします。

「これでは、プライバシーをさらけ出しているようなもの。治安上、問題が起きるのではないか」と不安になると言います。

中国には表札はありません。郵便受けもない場合が多いのです。郵便物は、勤務先で受け取り、自宅の住所は公表しないという人も都会には多いようです。

中国だけではありません。欧米の国々、アフリカ諸国、タイ、カンボジア、インドネシア、パキスタンなどでも表札はないようです。集合住宅の場合、番地と住宅の棟、部屋番号のみ表示するそうです。
もっとも、海外の人の名前には信じられないほど長いものがあります。父方、母方の苗字を加えたり、ミドルネームがあったり。そういった国では、表札などにとても書ききれないでしょう。

日本における表札の歴史はそんなに古くはありません。

もともと一般庶民は苗字を持ちませんでした。姓は天皇から与えられる地位を示す称号のようなもので、徳川時代は武士のみが苗字を名乗ることができました。江戸時代、商家や武家には表札があったのですが、庶民にはありませんでした。それが、明治8年に徴兵と徴税のために苗字を名乗ることが義務づけられ、明治中期に郵便配達制が始まったことで少しずつ表札がつけられるようになったのです。

最近は日本でも、名札をつけた小学生を見かけることが少なくなりました。以前は、途中で災難に遭った場合、連絡をとってもらえるよう、名札には、連絡先の住所、名前、学年、血液型まで書き込んであり、子供たちは登下校の際必ずつけていました。最近は、誘拐、いたずらなど物騒な事件が増えたため、犯罪に悪用されないよう、登下校の際、名札は外すよう指示する学校が増えているようです。

嫌な世の中になってきましたが、それでもまだ表札を出すのが当たり前の日本は、平和な国と言えるのでしょうか。

タクシーではどこに座る？

タクシーや鉄道といった交通機関も国によってはまったく事情が違ってくる。その国に合わせた乗車方法を知らないと後で痛い目に合うことも。

東京でタクシーの運転手をしている近藤さんは最近、外国人客に呼び止められると、ドキッとするそうです。

ある日、渋谷を流していると、大柄であごひげの、サングラスをかけた外国人男性が手を挙げ、近藤さんの車を呼び止めました。

近藤さんがその男性の前で停車し、後ろ座席の自動ドアを開けようとした矢先、その男性はやおら助手席に押し入ってきたのです。近藤さんは、「まずい！　強盗だ！」と、身を固くしました。

が、さにあらず。その男性は、「Hi! Narita airport, please」と笑顔で行き先を伝えたというのです。成田空港までの道中、片言の英語で尋ねてみたら、サウジアラビアから出張で来た人だということがわかりました。

サウジアラビアでは、乗客が一人の場合、助手席に座ります。サウジアラビアだけでなく、他の中近東諸国や、メキシコなどの中米、中国でもそうです。オーストラリアやニュージーランド、カナダなどでもそういう傾向が見られます。

日本では、後部座席が満員になった場合、助手席に座ることがありますが、一人の場合は、必ず後部座席です。それゆえ、近藤さんが驚いたのも無理もありません。日本で、後部座席が空のタクシーの助手席に人が座っているとしたら、その人は運転手の身内か友達だと判断されますね。

逆に、助手席に座るのが当り前の国に行って、日本人が後ろの座席に座ったら、運転手は、この客は後ろから襲うつもりではないかと気にするでしょう。助手席に座るのは、友好的な証拠なのです。アメリカの大都市のタクシーが運転席と後部座席との間を防弾ガラスでさえぎって防衛しているのと比べれば、それは一目瞭然です。

また、中近東、中米では、タクシー料金は、事前に交渉して決めなければなりません。それを知らずに乗ったりしたら、相当ふっかけられることになります。

私 サウジアラビアから来ましたー
昨日、スシ食べましたねー
テンプラも食べましたー

健全なメーター制に慣れている日本人にとっては、この事前交渉は実に難儀なものです。かなり激しい値段交渉の末、折り合いがついた途端、まるで友達のように横に座って発車する、というパターンは、日本人にはなかなか馴染めないようです。

さらに、タクシーの自動ドアに慣れている日本人は、外国に行っても、後方のドアの前で、いつまでも突っ立って開くのを待っています。運転手の方では、「呼んだから停車したのに、なんだ、乗らないのか」とムッとして、さっさと行ってしまったりするのです。

タクシーに限らず、日本は交通機関が実に発達しています。

特に、日本は、鉄道が網の目のように行き渡っている国です。そのため、私たちは遠出をしようとするとき、バスより鉄道を使う傾向があります。バスは、鉄道の走っていない地域の交通機関として、補助的役割を担っています。

一方、海外を見ると、アメリカや中国のような国土の広い国はもちろんですが、ポルトガルやイタリアのように、ヨーロッパの中で比較的国土の狭い国でも、国民は鉄道よりバスを使う傾向が強いようです。しかし、日本人は、そういう国へ行っても、日本でそうしているように、鉄道に固執して目的地までたどり着こうとします。ところが、日本と比べると、電車の本数が少なかったり、目的地の側を鉄道が走っていなかったりすることに気づき、次第にバスに頼らざるを得ない状況を受け入れるのです。

日本人が海外で鉄道を利用する場合、気をつけなければならないことがいくつかあります。まず、発車時刻が必ずしも日本のように正確ではないということ。そして、ホームが直前に変更になることがよくあるので、電光掲示で念を入れて確認する必要がある、ということです。

次にキリスト教文化では、日曜日に線路工事が行われ、運休が多かったり、バスによる代行運転があったりするので、極力、日曜日の移動は避けた方がいいということです。

また、電車の行き先は電車ごとではなく、車両ごとに確認した方がいいでしょう。3号車まではA行き、4号車以降はB行きというように、途中駅で車両が分かれることがままあります。

最も大事なことは、目的地までの乗車券を事前に正しく買っておくということです。日本では、とりあえず途中駅までの切符を買っておき、乗り越した場合、降りる時に精算できるシステムになっています。

ところが、ヨーロッパの多くの国々では、それが許されません。検札に来た車掌が切符を見て、乗り越していることを発見すると、数倍の罰金を払わされます。

これは、各駅に改札がないからです。ヨーロッパの鉄道は、多くの場合、路面電車のように路上にレールが敷かれていて、駅で降車した乗客は、そのまま雑踏に消えていく仕組みになっています。そのため、あらかじめ目的地までの切符を買わなかった客は、乗り越しても精算のためのチェックを受ける場所がないのです。それで、乗り越した客は、キセルをしようとしたと見なされてしまうわけです。

タクシーにしろ、鉄道にしろ、日本国内と同じ感覚で乗っていると、国によっては痛い目に合うということを常に頭の中に入れておくことをお薦めします。

スイスでは「スイス語」は話さない

日本人は日本語、イギリス人は英語のように一つの国で一つの決まった母語を話すわけではない。単一民族、単一言語の日本人には理解しにくい。

日本に住む日本人にとって、母語が日本語であることは当然のことです。日本国内に、琉球語やアイヌ語のような地域の言語もあることはあるのですが、それはごく少数派です。こういう単一民族、単一言語の日本人にとって、一つの国の中の民族の違いや言語の違いはなかなか理解しにくいものです。

先日、講演で、スイスについて触れたのですが、講演後の質疑応答の時間に、「スイス人は何語を話すのですか」という質問を受けました。

講演中に、「スイスでは、地域によって、ドイツ語、フランス語、イタリア語、ロマンシュ語を話す」と説明したつもりだったのですが、どうやら「第二言語としてそれらの言葉を話す」と理解されたようです。質問した方は、日本人が日本語を、イギリス人が英語を話すように、きっとスイス人にはスイス語か何かがあるはずだと思ったようです。このあたりが、国と侵略された経験を持たない日本人にわかりにくいところなのでしょう。

南米を例にとれば、ペルーやアルゼンチンではスペイン語が、ブラジルではポルトガル語が使われます。そして、それは、スペインやポルトガルの統治下にあったという歴史を物語っているわけです。ヨーロッパでは、侵略と統治が繰り返され、国の領土も国名も変遷を重ねています。そういった歴史の背景が、使用言語にも表れているのです。

また、スイスは九州とほぼ同じ大きさの面積の小さな国です。きっと、そんな小さな国で、地方によって使われている言語が異なるということが、日本人には理解しがたいのだろうとも思います。

スイスを鉄道と船で回ったことがありますが、ドイツ語を使う地方からフランス語を使う地方に入ると、電車のアナウンスもドイツ語からフランス語に変わり、イタリア語を使う地方に行けば、アナウンスもイタリア語に変わりました。電車に乗ってくる客の風貌やファッションも、微妙に異なるのが、私には面白く感じられました。

ベルギーも同じです。四国の1.5倍ほどの小さな国ですが、オランダ語、フランス語、ドイツ語の３つの言語が、地方によって使い分けられています。ローカル線の鉄道に乗ると、駅名を表記する言語が突然変わるので、降りるつもりの駅名を見落とし、うっかり乗り越してしまったことがあります。

ベルギーでは、この３つの言語すべてを話せる人も多くいます。私の友人のベルギー人は、子供の頃、学校から戻ったとき、両親がオランダ語で会話をしていればオランダ語で、フランス語で話していればフランス語で、会話に加わったと言います。

せいぜい標準語と方言の区別ぐらいしか持たない日本人には、考えられないことですね。

あなたのその行為、それはタブーです！

人前で靴を脱ぐ、足の裏を見せる、人差し指で人や物を指す、頭をなでる……など日本人には分からない〝やってはいけないタブーな行為〟がある。

オランダで、電車に乗っていた日本人男性が、ボックス席で靴を脱ぎ、靴下まで脱いで向かいの座席に足を乗せました。すると、通路を隔てたボックスの客がサッと立ち上がり、車掌を連れてきて、すごい剣幕でその日本人に注意し始めました。

土足文化のヨーロッパでは、公衆の面前で靴を脱いだり靴下を脱いだりすることは、下着姿になるのと同じぐらい、してはいけないことなのです。

日本人が靴を履き始めたのは明治以降で、それまでは素足に下駄履きでした。そういう我々は靴も靴下も脱いではじめてくつろぎを感じるのですが、土足文化の人たちにとっては、シャワーと就寝の時間以外は靴を履いているのが当たり前なのです。電車の向かいの座席に足を乗せるときも、ベッドにごろっと横になるときも、靴は履いたままなのです。足の先までコーディネートしてハイヒールを履いている女性が、人前で靴を脱ぐのを嫌がる心理を考えれば、人前で靴下まで脱ぐことがどのように受け取られるか、おわかりだと思います。

玄関で靴を脱ぐ習慣は、日本だけではなく、韓国、タイ、マレーシア、インドネシアなどでもあります。しかし、タイ、マレーシア、インドネシアなどのイスラム教徒たちにとっては、足は不浄のものとされています。したがって、ソファに足を上げるのは厳禁です。アジアなどのイスラム圏だけでなく、土足文化の中近東でも、寺やモスク、霊廟などの宗教施設は土足厳禁となっています。それゆえ、たとえ靴を脱いでいても、お寺の中で足を投げ出して座る日本人は非難の的です。足の裏を人に見せるのは、最低のマナーだからです。年上の前であぐらをかいたり足を組んだりするのも、足の裏が見えるので、避けなければなりません。

また、こういった宗教施設では、肌を出さないようにしなければなりません。肌を出した服を着ている場合は、備えつけのマントを着ることを義務づけられるところもあります。

もう一つ、イスラム圏では共通して、人差し指で人や物を指すことをタブーとしています。アラーの人差し指は、神の位置を指し示す指だからだそうです。日本でも、人を指差すことは失礼な行為とされていますが、物を指すことには抵抗はないので、注意が必要です。

マレーシアでは、人に触れることがタブーとなっていて、人ごみでは、不用意に手が人に触れないよう、手を後ろに組んでいます。

さらに、タイ、マレーシアなどでは、頭は神聖な場所と考えられているので、子供の頭をなでるのは望ましくありません。こういう国で美容院に行くと、カットする際、頭に触れることになるので、何度も「すみません」を連発しながらはさみを動かす美容師さんに出くわしたりします。

また、インドでは、耳が神聖な場所とされているので、ふざけて耳をひっぱったり、イヤリングをつけてあげようとして耳に触ったりすることは、控えなければなりません。

こういうタブーは国によって異なります。外国を訪れる際には、最低限やってはならないタブーなど、その国の文化を知っておくことが肝心です。

まあっ！はしたない!!
人前でなんてことを！

ジェスチャーやサインに気をつけろ！

ジェスチャーやサインはその国によってまったく違う意味になる。無意識に使うと思わぬトラブルに発展することも。

写真を撮られるときにするVサインのポーズは、イギリスの元首相チャーチルが勝利のシンボルとして使ったジェスチャーです。これは万国共通のジェスチャーですが、文化を越えると意味が異なるジェスチャーがあり、少々厄介です。

たとえば小指を立てるジェスチャー。日本では「恋人」「親密な関係の女性」を表します。

かつて「私はこれで会社を辞めました」と男性が小指を立てるコマーシャルがありました。「女性関係のトラブルで会社を辞めた」という意味ですが、中国人は、これを「業績が最低で辞めた」と受け取っていたのです。中国では、小指を立てるのは「最低」「ビリ」

の意味だからです。ところがインドやスリランカでは、このジェスチャーは、「トイレに行きたい」という意味になります。

また、親指と人差し指で輪を作るジェスチャーは、日本では「お金」を意味しますが、多くの国で「ＯＫ」を表します。が、ブラジルでは相手を侮蔑するときに使うので注意が必要です。

同様に、握りこぶしに親指だけを上に立てるジェスチャーは、アメリカなどでは「良かった」という意味ですが、中東では相手を侮蔑するときに使うので、これも注意しなければなりません。

このように、相手に何らかのメッセージを送る意味で使われるジェスチャーも厄介ですが、実は、本人が無意識にする身振りはもっと厄介です。

アーノルド・シュワルツェネッガー主演の映画『コラテラル・ダメージ』では、爆破テロの真犯人を見破るきっかけになったのが、本人が無意識に行った身振りでした。シュワルツェネッガー扮する消防士は、真犯人がマークし続けてきた男ではなく、その妻の方であることに気づきます。そのきっかけとなったのは、その妻が言うことを聞かない子供を叱るときに、「言うことを聞きなさいったら！」と興奮して、左の手のひらに右の甲を

「パシッ」とぶつける身振りを無意識にしたからです。

また、香港映画『インファナル・アフェア』でも、主人公が警察に警官として潜入しているマフィアを見破る原因になったのが、その男の無意識の身振りでした。封筒を手にして歩くときの、封筒で右の腿を打ちながら歩く癖によって見破ったのです。

日本人は、一般的に身振りが小さいと言われ、相手の身振りにさほど意識を向けませんが、海外では、このような映画のストーリーができあがるほど、人の身振りに意識を向けていることがわかります。

「赤信号は止まれ。青に変わればGO」と、私たちは言葉によらないサインでメッセージを理解することがあります。このようなサインも、文化が違うと意味が変わります。

たとえば、トイレのドア。日本では、内側からしかドアが閉まらない公衆トイレは別として、家庭ではトイレのドアは常に閉まっています。

ところが、欧米の家庭では、誰かが使用している場合はドアが閉まっていますが、使用していない場合は、「いま誰も使っていません」というサインとして、ドアを開けておくのです。

このことを知らない日本人が、欧米の家庭にホームステイしたりホームパーティに招かれたりした場合、大変です。日本人は、トイレから出てくるとき、いつもしているようにきちんとドアを閉めてしまうからです。

すると、欧米人らは、閉まったドアを見て、「使用中」だと判断します。それで、大勢の人が、トイレのドアがいつ開くかを気にしながらトイレを我慢し、お喋りもお酒も楽しめない、という事態を引き起こしてしまうのです。

また、電車の発車ベルもそうです。目ではなく耳で受け取るサインですが、日本では、発車ベルが鳴り始めると、乗客は慌てて電車に駆け込みます。本来、発車ベルは発車するときの合図ですが、「発車ベルが鳴り止むまでは乗車可能」というサインとして機能しているのが現状です。

一方、香港では、発車ベルが鳴りはじめたら、乗客は駆け込みません。「もう乗ってはいけません」という合図として機能しているのです。香港に観光で出かけた日本人がどのような行動に出るのか、そしてそれが現地の人にどう受け取られるのか、もう想像がつくと思います。

日本で採点する際に使用する「○」と「×」も、文化によっては伝わりません。日本では、「×」は「Ｎｏ」や「だめ」「間違い」を意味します。しかし、欧米では、アンケート用紙の該当項目にマークするときに使われる「✓」と同じ意味で用いられ、「Ｙｅｓ」を意味する場合があります。

中国では「×」は日本と同じ意味のサインとして受け取られますが、「〇」の方は、中国でも伝わりません。「〇で囲ったところは、要注意点ですよ」という意味に受け取られます。採点のときに解答用紙の正解に「〇」をつけると、「自分は正しい答えを書いたのに、どうしてここが問題なのですか」と聞き返されたりするのです。

日本人なら当然わかるジェスチャーやサインも外国人にはまったく通じない、あるいはまったく違う意味に取られてトラブルになるケースもあります。映画や漫画などは、サインやジェスチャーの意味の違いを教えてくれる恰好の教材。ちょっと注意して見てみませんか。

WC
いや〜、じつはコレがさあ〜
トイレナラソコデスケド…
ソンナニギョウセキワルイデスカ?

Column

あの鳥は食べられない？

写真家の竹井さん。世界各地の生き物の写真を撮り続けています。竹井さんがインドに着いたとき、ホテルの庭の木に、きれいな鳥が止まっていました。フロントで、「あの鳥はなんていう鳥か」と聞いたところ、「鳥」としか答えが返ってきませんでした。「鳥は鳥」で、それ以上の区別がないと言われたそうです。

ペルーでは、アンデスの山岳地帯を案内してくれたガイドに、見た鳥の名前を聞いたところ、「あの鳥は食べられない」、「あの鳥は食べられる」と、食べられるか食べられないかで鳥を区別していることに驚いたそうです。

アフリカのタンザニアには、日本では見かけない昆虫がたくさんいるのだそうです。竹井さんは、美しい虫に出会うたびに、虫の名前を聞いたそうですが、「刺す虫」「刺さない虫」と、人体に害を与えるかどうかで区別していて、それぞれの虫に名前などないと言われたということです。

いずれも、学術名はあるのだろうと思われますが、日常的にはほとんど用いられていないのでしょう。

日本では花鳥風月ということばがあるように、自然界の風物一つ一つに命名し、それを愛でる傾向が見られます。つけられた名前そのものに風情を感じることもあります。そういう習性を持つ我々だからこそ、個別の名前を知りたいと関心を持つのですが。

観賞用として見るのか、食用として見るのか、それとも危害を加えるかどうかで見るのか、生き物のカテゴリーの仕方も、文化によってずいぶん違うものですね。

第五章 世にも不思議な日本人

目は口ほどにものを言い

「たぬき寝入り」は、人と目を合わせるのが苦手な日本人の得意技。アイコンタクトが得意な外国人には相当マイナスの印象。

来日した外国人が、まず最初に驚くことは、電車の中で居眠りをしている日本人が多いということです。

ヨーロッパの先進国から来た人たちは、「無防備に寝るなんて。荷物や財布を盗まれたりしないのだろうか」と、心配になるそうです。また、アジアから来た人たちは、「働き蜂の日本人。睡眠もろくにとれずに疲れ切っている」と、同情するそうです。

確かに、東京や大阪など都会で働く人々の中には、遠距離通勤をしている人が多くいます。朝早く家を出て、夜遅く家に帰る毎日ゆえ、つい居眠りも出るのでしょう。

しかし外国人も日本に長くいるうちに気づき始めます。日本人が寝るのは電車の中だけではなく、会議でも同じだということを。そして、たいていの場合、本当に眠っているのではなく、目をつぶって「寝たふり」をしているだけだということを。

欧米では、電車で向かい合わせの人と目が合うと、見知らぬ人同士でも互いにニコッと微笑みます。これは、「私はあなたの敵ではない」という合図だと言われています。

一方、日本では、見知らぬ人やあまり親しくない人と目が合うことを避ける傾向があります。たぬき寝入りの一番大きな理由は、「人と目を合わせたくない」という気持ちの表れかもしれません。

エレベーターでも同じです。知り合い同士でも、エレベーターのような小さな箱の中では、皆、目のやり場に困り、降りるまでドアの上に表示される階のランプに目をやっています。

日本人はアイコンタクトが苦手なのです。電車やバスで、帽子を深々とかぶったり、前髪や横髪を長く垂らして顔を覆っている人も、他人とのアイコンタクトを避けたいという気持ちを持っているようです。また、マナーブックによっては、「目上の人と話すときは目を合わせ過ぎないようにするのが礼儀」だと書かれていたりします。

会議で目をつぶっている理由も、長い会議にうんざりしている気持ちを読まれないよう、はたまた、反対意見を持っている相手に自分の真意を読まれないよう、アイコンタクトを避け、目をつぶっているのです。

しかし、私たちのこのアイコンタクトを避ける傾向は、アイコンタクトをとる国の人たちに、相当マイナスの印象を植えつけているようです。

「自分に自信がない」「びくびくしている」「本心を見せたがらない」「自閉的で人嫌い」「無責任」……このような残念な受け止め方をされているのです。

会議については、このようなこともあります。

日本の研究機関に入ったばかりの日系アメリカ人、ボブさんはアメリカで教育を受け、アメリカの企業で10年間働いてから来日しました。彼は、英語と日本語の完全なバイリンガルです。他のいくつかの研究機関と共同で、開発推進委員会が立ち上がり、ボブさんはその委員として選出され、初顔合わせの会議に出席しました。他のメンバーはすべて日本人です。

ところが、初日、委員長を決めるという段になって、ボブさんはおかしなことに気づいたのです。事務局が、「互選でこのメンバーの中から委員長を選出して欲しい」と言うと、しばし沈黙があった後、「〇〇氏を推薦します」という声がある委員から上がりました。皆一斉に拍手し、〇〇氏を委員長に承認しました。すると、〇〇氏は議長席に移り、それから、その日の議事を、事前に事務局と打ち合わせがあったとしか思えないような運び方でスムースに進行したのです。

後日、〇〇氏を推薦した発声が、あらかじめ「こう発声して欲しい」と依頼されたものであったこと、その後の承認の拍手もあらかじめ主だったメンバーにはそうするよう事務局が伝えてあったことなど、いわゆる「根回し」があったことが次第にわかってきたのです。

ボブさんは、他の委員会でも、まったく同じ経験をしています。アメリカでも根回しはあるそうですが、誰にどう発声させ、誰を決めるかまでシナリオができていて、シナリオ通りに芝居（議事）が進行するということはないそうです。

芝居とわかっていて、シナリオ通りの進行を誰も妨げない日本のやり方に、ボブさんは、気味の悪さを感じ始めているようです。

日本の国会などでも見られるこの「根回し」は、共同体として古くから人との衝突を避け、「和」を重んじる日本独特の文化の一つの表れと言っていいでしょう。我々は、そうやって「根回し」することで、より円滑に人との関係や活動を進めてきたのです。しかし、それもやり過ぎると自由で活発な意見を妨げ、外国人の目には奇異なものに映ってしまうのです。

Z
Z
Z
Z
Z
えっ!?なんでタヌキが
わっ!ここにも!

顔のない日本人

何事にもあまり態度に出さない日本人は外国人からは「顔のない日本人」と呼ばれ、ときにそれは「レベルが低く、無能」と受け取られることも。

先日、ドイツで活躍する日本人声楽家のコンサートがありました。当日、その声楽家のコンディションが悪く、歌い出した歌を途中でやめ、予定よりだいぶ早く休憩をとりました。休憩後も、歌ではなくお喋りが延々と続きました。ドイツが日本のアニメブームで、アニメの主題歌を歌って欲しいという依頼が多い、など。しかし残念なことに、歌ってくれるだろうと聴衆の期待したアニメソングは、1曲も歌われることはありませんでした。「今日は歌の代わりに話をした。体調が悪くて歌えなかったが、聴衆の温かさに支えられた。ではどうも」とさっさとステージから去っていく声楽家に、大きく期待を裏切られながらも、それを態度に出さない日本人の聴衆。

帰りがけに主催者をつかまえ、「歌を歌わなかったのだから、返金せよ」「あれだけ話せるなら、声帯が使える証拠じゃないか。なぜ歌わないのだ」「歌を聞くためにチケットを買ったのだ」と口々にクレームをつけているのは、外国人のグループでした。

私自身、こんな経験があります。

数年前のことです。世界的に有名なヨーロッパの演奏家を招く企画を立てた日本の企業と演奏家の代理人である外国人との間で、公演候補地について協議している最中でした。

「静岡県は外してください」

代理人の口から、演奏家の希望を代弁する形で出たことばです。私は異文化間の契約上のトラブルを避けるために同席を依頼されていました。

「どうしてですか？」

仕事中に私情を挟むことは本来ならご法度ですが、私は静岡県出身、それに日本のほぼ真ん中に位置し、日本の平均的な県としてマーケティングリサーチによく用いられる静岡県がなぜ公演候補地から外されるのか、聞かないではいられませんでした。

答えはこうでした。

「過去2回来日し、2回とも静岡公演を入れた。だがあそこは反応がない。観客のレベルが低い」

私たちは、外国人からフェイスレスジャパニーズ（顔のない日本人）と呼ばれています。「顔がない」とは、自分の意見を持たず、思ったことを人に伝えず、相手に反応もせずに沈黙でいることを指します。そしてそのことは、「レベルが低く、無能だ」と、外国人から受け取られてしまうのです。

私たちも、そろそろ自分の意見を持ち、明快に伝えることのできる〝顔がある日本人〟と呼ばれるようになりたいものです。

あいづちは不快？

日本人が頻繁に打つあいづち。日本人にとって〝あいづち〟は相手の話を聞いているサインで話をスムースに進める手段だが、欧米人には不評。

「ええ、ええ」「はい」「そうですね」といった「あいづち」は、話し手に「関心を持ってあなたの話を聞いていますよ」というサインを送り、話をスムースにさせます。

ところが、このあいづち、欧米の人たちからは不評です。話しているときに頻繁にあいづちを打たれると、「もういい、わかった」「黙れ」と言われているようで不快になると言うのです。

相手が話しているときは、あいづちは打たずに黙って聞くのが欧米のマナーにかなっていると言います。確かに欧米の人たちは話の終わりに「アッハー」というようなあいづちを打ちますが、話の途中では決して打ちません。このような外国人と会話をしていると、私たち日本人は「私の話、ちゃんと聞いている?」と確認したくなります。

『「あいづち」は人を活かす』（久保田真弓著、廣済堂出版）に、『日本語を母語とする人の方が英語を母語とする人より頻繁にあいづちを打つ』という報告がありましたが、日本人は、あいづちがないと、コミュニケーションがうまくとれなくなるのです。それは、おそらく農耕文化において、人と和すことで共同体を維持してきた歴史的背景から、他者の話に積極的に同調を示し合って人間関係を保ってきたからでしょう。

韓国人は、日本人同様に、あいづちを頻繁に打つと言われていますが、「あいづち行動における価値観の日韓比較」で、任栄哲氏と李先敏氏がテレビとラジオ番組を調査した研究では、「日本人の方が約1.6倍もあいづちを多く打っている」という報告がありました。

日本の報道番組で、男性キャスターの横に座り、キャスターの言ったことにうなずく女性アシスタントがいます。欧米の人たちは、彼女らのことを「あいづちガール」と呼んでいます。キャスターが話すたびに女性アシスタントがうなずいて見せることで、話に説得力を持たせる効果があるのでしょう。

これは、和を重んじ、他人の合意を取りつけつつ会話を進める日本人ならではの演出方法なのです。

はい、はい
そうですね
ええ、ええ
まだ何もしゃべっていませんよ！

ぶつかっても謝らない日本人？

見知らぬ人との距離が近くても平気な日本人と大きく離れていないと不快になるアメリカ人。相手との距離をどれだけとるかは国民性で異なる。

アメリカから来日した人に、「日本人はよく謝る国民だと聞いていたけど、嘘だ。思ったよりずっと失礼な国民だと思う」と言われることがあります。そう思った理由を聞いてみると「日本人はよく道で人にぶつかる。それに、ぶつかっても謝らない人が多い」というのです。

確かに、東京の新宿や渋谷のような人ごみで観察してみると、すれ違いざまに人と人がぶつかったり、カバンがぶつかったりすることが頻繁に起きています。これは、日本人の社会的な対人距離が、アメリカのそれより短いからなのです。

「近接空間学」という学問があります。これは、どういう関係の人とどれだけ距離をとれば快適に感じるかを分析するものです。

文化人類学者のE・ホールによると、アメリカ人の対人距離は、夫婦のような親しい関係の場合の私的距離が46センチ~1・22メートル、知り合い同士の場合の社会的距離が1・22メートル~3・66メートル、身知らぬ人との公的距離は3・66メートル~7・62メートルだそうです。見知らぬ人との公的距離がとても大きいのが特徴です。

一方、日本人の場合、親しい関係の場合の私的距離は、アメリカ人より大きくとるのに、見知らぬ人との公的距離は、アメリカ人の3分の1程度で、小さいということが、いろいろな研究者のデータからわかってきています。

つまり、日本人の場合は、アメリカ人と比べると、見知らぬ人にかなり近寄られても不快に感じず、アメリカ人から見ると、日本人がくっつき過ぎて不快に感じるということです。ですから、郵便局や銀行、またはトイレなどで、順番を待つための列に並んでいるとき、アメリカ人は後ろの日本人に迫られるようで不快になると言います。

これにはいくつかの理由が考えられます。まず、日本は人口密度が高いということです。次に、庶民は長屋暮らしをしていたため、他人と物理的距離をとらずに同じ場を共有することに慣れているためだとも思われます。

道を歩いている場合、見知らぬ人とぶつかりそうだと感じた時点で、ぶつからないよう意識しながら歩きはじめるのですが、社会的な距離を短くとる日本人の場合、ぶつかりそうだと感じるタイミングが、アメリカ人よりずっと遅いため、よくぶつかるのでしょう。また、見知らぬ人との社会的な距離が短いからこそ、日本人は、ぶつかってもそれほど失礼なことだとは思わず、謝らないのだと思います。

日本では、通勤ラッシュの満員電車に、見知らぬ者同士がギュウギュウ詰めで乗っていますね。この様子は、ヨーロッパやアメリカから来た人たちには信じがたい光景と映るようです。

これも長屋暮らしや、家と家との間のスペースがとりにくい暮らしに由来すると思われます。物理的距離の近さはいやがおうでも避けられないので、心の中で、互いに干渉しない境界線を作って生活する習慣が身についています。そのような習慣により、物理的には身体は触れ合っていても、「触れなかったことにする」という心のバリアを作って寿司詰めに耐えるのだと思います。

私たちがこれをし得るのは、他人同士だからこそです。逆に知り合い同士だったら、一緒に乗って体をつけ合うのは避けたいと考えるはずです。

エレベーターでも同じことが言えます。知り合い同士だと、少ない人数でも「満員」だと感じ、次のエレベーターを待つのですが、見知らぬ者同士だと、もっと多くの人が乗っても「満員」だと感じないのです。

もともと身体接触をしない我々にとって、他人なら「触れなかったことにする」心のバリアは作りやすいですが、知り合いだと、作りにくく、互いにきまりが悪いのだと思います。それで、知り合いとエレベーターに居合わせると、互いの距離を大きくとるのだと推察します。

オフィスやパーティなどで立ち話をするとき、話している相手とどれくらいの距離を保ちながら話すかが、国や民族によって異なることに気づきます。

日本人を基準にして比較してみると、中国、韓国や、コロンビアのような中南米、ラテンアメリカ系の人の場合、こちらに迫ってくるかのように近い距離で話すことが多いのです。

あまりに近寄られ過ぎると、私の方は、自分と他人との間にある見えない境界線の内側に不用意に入ってこられた感じがして、落ち着きを失い、つい後ずさりするのですが、私が一歩後ろに下がると、相手はまた一歩近寄ります。もうこれ以上は下がれないという壁際まで追い詰められると、逃げ場をなくして心のゆとりがなくなり、相手の質問に冷静に応じることができなくなってしまいます。

また、中国や韓国の若い女性の場合、同性で年齢が比較的近く、姉や友達のような親しみを相手に対して持っていると、話の最中に、その人の腕や手に触れようとしたりします。そういう場合、日本人は触れられることに慣れていないため、反射的に相手の手をよけてしまいがちです。

韓流ドラマを見ていると、韓国人は男性同士でも同じベッドに一緒に寝たりします。韓国やエジプト、インドなどの国の人は、成人の男性同士でも、親しい人と手をつないだり腕を組んだりする習慣があるため、日本人の友人に対して同じようにしようとして拒絶され、傷ついたりするようです。

見知らぬ人との空間の取り方で、面白いのは、インド人が人のそばに寄る傾向が強いということです。驚くことに彼らは、大きな会場で自由に席を取る場合、まだ空席が目立つ会場でも、見知らぬ人と空間をあけて席を取らずに、すでに座っている人のそばに席を取る傾向が見られます。

あれ…？
このインドの人…
知り合いだったっけ…？

これは、インドの人たちが、男同士でも手をつないだり一つのベッドに寝たりするように、身体接触をよくとる国民であるということと、大家族でひしめき合って生活しているため、人との距離をとらないこと、人口密度が高いこと、などの理由が考えられます。

ガラーンとした会場に、日本人が一人ポツンと座っているとしたら、わざわざ隣に席を取るインド人をどう思うでしょうか。

一方、アメリカや西ヨーロッパからの人は、日本人より大きな距離を取って話す傾向があります。私との間に十分な距離を取るため、日本人や中国、韓国、ラテンアメリカからの人から見ると、個人的に話をしているようには見えないようで、私とアメリカ人や西ヨーロッパの人との間に割り込んで話をし始めるようなこともあります。

人との距離感にもそれぞれの国民性が出るものです。

なわばりは侵すべからず

「なわばり」についての意識の違いは国民性によって決まってくる。ときにはプライバシー侵害などの問題に発展するケースも。

近寄られ過ぎると後ずさりしたくなる気持ちになるのは、「ここからは立ち入らないで」と感じる見えない境界線を誰もが持っているからであり、その境界線は文化によって異なるということについて、すでに触れました。

実はそのような境界線は、人と人との具体的な距離の間にあるだけではなく、私有物と共有物との境界線や、私的空間の領域にも存在します。人に入って欲しくない範囲、つまり「見えないなわばり」を誰しも持っています。

日本女性の鈴木さんは、専門学校で知り合った韓国人女性の白さんとアパートを借り、一緒に暮らし始めて3カ月になります。鈴木さんは韓国語を勉強していて、将来韓国の大学に留学したいと考えているため、同居して白さんから韓国語を習い、反対に白さんには日本語を教えるということで、お互いに合意したのです。二人の支え合いは、傍から見ていると、とても微笑ましい関係に見えました。

ところが、最近、鈴木さんは、白さんと共同生活を続けていくことに難しさを感じているようです。その理由を鈴木さんはこう言っています。

「最初のうちはうまくいっていたのです。それぞれ自分の部屋があり、台所とバストイレは共同で使うことになっています。食事のタイミングが違うので、食事や料理は別々。それなのに、白さんは、私のインスタントコーヒーを勝手に飲んでしまうのです。白さんに『自分の分は自分で買って』って言いたいけど、そんなふうに言うと、私がケチみたいに思われるでしょう？　だから言えなくて」

白さんは、仲のいい友達である鈴木さんのものは自分のものだと考えて、断ることなくコーヒーを飲んでいるのです。

同じような例を、中国人留学生と親しくしている日本人学生からも聞いたことがありました。日本人学生のカバンを中国人留学生が勝手に開け、携帯電話をとり出して使おうとしたという話です。

その中国人留学生は、その日、自分のケータイを家に置き忘れてきたため、二人の共通の友人に連絡をとるのに日本人学生のものを借りようとしたのだそうです。「人のカバンを勝手に開けるだけでなく、無断で人のものを使おうとするなんて」と、嫌な気持ちがいつまでも残ってしまったと、日本人学生がこぼしていました。

このように、どこまでが自分の「なわばり」かについての意識の違いは、住まいや仕事場でも問題を生じさせます。

たとえば、アメリカ人やカナダ人のホームパーティに招かれた客は、当たり前のように台所に出入りします。コート置き場が二階の夫婦の寝室のベッドであったりすることも珍しくなく、その場合、客は寝室にまで立ち入ることになります。

一方、日本人の多くは、台所や寝室は私的な空間だととらえるため、客には出入りして欲しくないと考えます。台所や寝室への出入りを当然だと考える北米の人が日本人のホームパーティに招かれた場合、どういうことが起きるか想像がつきますよね。

人に立ち入って欲しくない「なわばり」は、心の中にも存在します。

日本でも少し前まで、新婚の女性に「お子さん、まだ?」と聞くことが当然視されていました。最近ようやく、その質問はプライバシーを侵害するという認識が広まってきました。

どういう相手にどこまで話すか、どこまで聞いていいかという境界線も、国や民族によってずいぶん異なります。

北米や南米の人の場合、初対面の相手に対し、「いま離婚調停中だ」とか「娘が引きこもりで学校に行かない」という類の、家族の問題を自ら赤裸々に語る傾向があります。日本人の感覚では、そういう問題を初対面の人に語ることはまずありませんから、聞いている側が落ち着きを失いそうになったりします。

その一方で、彼らは相手にそのような質問をぶつけることには慎重です。あくまでも「自分から話す」ということを重視する傾向があります。

また、パーティで、「給料はいくらもらっているか」「その給料は高いほうか」などと待遇について初対面の韓国人からいきなり質問をされ、ムッとしたという日本人も少なくありません。私も、「そのバッグはいくらしたか」と初対面の中国人にしつこく聞かれ、辟易した経験があります。待遇や所有物の値段について聞かれるのは、お金の話をしたがらない日本人にとっては土足で立ち入り禁止区域を踏みにじられることなのです。

家族関係を重んじる東南アジアの国々では、「どうして結婚しないのか」「なぜ子供を作らないのか」「なぜ子供は一人なのか」と、家族構成に関する質問を初対面から矢継ぎ早にします。これは、決して無遠慮なことではなく、相手に好意を持っていることを示すバロメーターのようです。

不快に思ったときは、黙っていないではっきりと口に出して「自分にとってこういうことを聞かれるのは不快だ」ということを相手に伝え、そのように感じた理由も億劫がらずに丁寧に説明することが必要です。そうでないと、察してもらうことは至難の技だと言えます。

時間にキッチリ？　時間にルーズ？

時間に関するとらえ方も国民性で違う。日本人は待ち合わせや約束にはきっちり時間を守るが、会議や残業といった仕事に関しては意外にルーズ。

モンゴルから仕事のために来日し、帰国を数日後に控えたヤン氏から、「今夜7時から家で同郷の人とお別れパーティを開くので、よかったどうぞ」と誘われました。声をかけてくれたことに感謝しながらも、内心、「もう少し前から言っておいてくれたら予定を開けておいたのに」と、突然の誘いに戸惑いました。それでも、顔を出さないのも失礼だと考え、「用事があるけど、済ませてから1時間ぐらい遅れて行く」と応え、パーティに出かけることにしました。

ヤン氏のお宅に着いたのは、告げられた時間から1時間半経っていました。ところが、宴もたけなわかと思いきや、部屋の中はガラーン。モンゴル人が10人以上集まると聞いていたのに、来ていたのは日本人2人だけ。それから約30分おきに、一人増え、二人増え、全員揃ったのは、夜中の12時過ぎでした。

時間に対する感覚の違いは文化によって異なります。

文化人類学者のE・ホールは、こういった時間の感覚を「Pタイム」（ポリクロニック）と「Mタイム」（モノクロニック）に分類しています。

「Pタイム」は、時間に対して柔軟なとらえ方をします。ある事態が起きたために他のことが時間通りに進まなくても構わないととらえます。

「Mタイム」は、時間をスケジュールで区切り、決められた時間に一つのことを行う効率性を重視したとらえ方です。

また、社会学者ラウワーは「時計時間」と「出来事時間」に分けています。

「時計時間」は、9時ピッタリに始業し5時キッカリに終業するという感覚です。

「出来事時間」は時刻表とは無関係に、乗客が揃ったら定められた時刻前でも出発するという成り行きまかせの感覚です。

日本人は、人との待ち合わせや約束に関しては「Mタイム」と「時計時間」派です。したがって、パーティの予定は前もってスケジュールに組み込まないと、都合がつかなくなりますし、パーティの開始時間は守ります。日本人のパック旅行は有名ですが、まったく知らない者同士が一緒に団体旅行できるのは、皆が集合時間を守るという暗黙の了解があるからなのです。

日本の交通機関の発車時刻が正確なことは世界的に有名で、3分遅れようものなら、必ずアナウンスが入ります。こういう感覚の私たちは、約束の時間を守らない人たちを「時間にルーズだ」と批判的に見てしまいます。仕事場に入るとき、日本人なら少なくとも5分前までにはタイムカードを打つのを良しとします。

一方、ラテン系の国や、遊牧民族の場合は、「Pタイム」と「出来事時間」派です。時間を流動的にとらえますから、予定は前から立てずに直前に決めます。また、時間をゆったりとらえますから、パーティへの1、2時間の遅れは遅刻のうちに入らないのです。

こういう感覚の国の人たちは、10分遅れでタイムカードを打っても問題にしません。連日10分遅れたために給料を引かれたペルー人がいましたが、彼は減給の理由に納得できませんでした。「ちゃんと仕事のノルマをこなしているのに、どうして?」と思うのが彼らの感覚です。

ブラジルに行ったとき、サンパウロから首都ブラジリアに飛ぶ国内線が2時間遅れて出発しました。遅れることについて、アナウンスも入らず掲示もなく、私はイライラしましたが、現地の人たちは何食わぬ顔でベンチに腰かけていました。2時間経ってようやくゲートに現れた客室乗務員に、「ずいぶん遅れている」と訴えたところ、「いま出るから」とすげない返事。ブラジルでは2時間ぐらいの遅れは日常茶飯事なのでしょう。

日系ブラジル人に聞くと、時計の針のように動く日本人をとても気づまりに感じると言います。電車の時刻表の「7：42発」「7：48発」という分刻みも窮屈で気忙しく、「7時半頃で十分じゃないか」と思うそうです。彼らは、日本人と約束するとき、ずいぶん前から予約しなければならないことも不満に思っていました。

「日本人は忙し過ぎる。私たちは人と会ったら、長い時間一緒にいようとするから、そんなに時間通りに行かなくてもいい。日本人はつき合いにくい」というのが、彼らの感覚からの見方です。

そんな外国人が来日した際、驚くことの筆頭に挙げるものがやはりこの〝鉄道時間の正確さ〟です。とりわけ、時速300キロで走る新幹線が数分間隔で発車するのを見て、「あんなに頻繁に走らせて、よく事故が起きないものだ」と驚嘆の声を上げます。時間に正確だからこそ、予定が立ちやすく、私たちは鉄道に大きな信頼を寄せています。

しかし、2005年にJR福知山線の脱線事故の原因が、数分の遅れを取り戻そうとしたことにあると判明すると、電車は遅れるものだと思っている国の人たちは、「日本人の時間の正確さに対する欲求は、度を越している」と激しく非難しました。

これは、正確であることを当り前だと思う日本人の感覚が問われた事件でもありました。

しかし一方で、日本人はこんなに開始時間や乗車時間にきっちりしているのとは対照的に、会議の時間が長く、終了予定時間を過ぎても続行したり、残業を当然視するなどのいわゆる、「Pタイム」と「出来事時間」の感覚も混在しています。まだ日本では「Time is money」といった感覚が浸透していない証拠だと言われますが、延々と話し続ける人にストップをかけることに遠慮する気持ちも働くからではないでしょうか。

このあたりは、あらゆる面で「Mタイム」と「時計時間」派の北欧の人たちから痛烈に批判されるところもあります。

そのファッションの意味は何？

外見や服装、化粧などは「体物表現」と呼ばれる大切な非言語メッセージ。言葉が通じない外国人には外見で誤解されてしまうことも。

日本の大学に客員講師として招かれ、カナダから来日したスミス氏は、入学式に列席して驚きの声を上げました。

「日本は大学にも制服があるのですか？」

学生は制服を着ていたわけではありません。全員、申し合わせたかのように、リクルートスーツと呼ばれている就職活動用の黒いスーツに白いシャツで出席していただけです。学生に、どうしてその服装をしたのか尋ねてみると、「皆がそうするから」という答えが返ってきます。入学式から就職活動まで、一着のスーツで間に合わせようという合理性もあるようです。指定されたわけでもないのに、没個性の服装を選ぶ学生たちを、外国人たちちは異様な目で見ています。

そして、卒業式。袴姿はカラフルできれいだと賞賛していたスミス氏も、謝恩会では開いた口がふさがらない様子です。

髪をアップにしながらも横髪だけは垂らしたままのヘア、ゴテゴテのアクセサリーに目には入念な化粧、肩をあらわにしたドレスの上にシフォンの透けた大判スカーフ、かかとのないミュールサンダル。これまた申し合わせたように同じスタイルです。

スミス氏は私に耳打ちしました。

「私には彼女たちが娼婦のように見える。まだ昼過ぎなのに、こんな時間から厚化粧して。あの透けたスカーフは会場では外すべきもの。室内でいつまでも羽織っているのは、〝いつでも外に出られますよ〃というサイン。それにあのミュール。フォーマルな場に履いてくるものではない。欧米では夜、街頭に立つ女性がよく履いている」と。

日本には、少し前まで「ハレとケ」という考え方がありました。普段のごく当たり前の日常生活で、取り立てて変化がない日々が「ケ」で、お祭りや行事など特別な日が「ハレ」です。「晴れの日」「晴れ着」「晴れ舞台」「晴れ姿」の「ハレ」です。人生の節目にハレ着を着ることは、気分を一新させるのに役立ちます。周囲も人のハレ姿を見ることで、一緒に祝福しようという微笑ましい気持ちになります。

しかし、この頃では、生活レベル全般が向上し、取り立てて「ハレ」を作る必要がなくなったせいでしょうか、ハレとケの区別をつけることも少なくなりました。ハレもケもなくなった今、「それはふさわしくない」と助言してくれる大人も少なくなりました。こうなると、自分の発しているファッションによるメッセージをチェックするレーダーは、本人が持つしかありません。

日本は戦前までは着物が主流でした。着物は、形が同じでも、着ていく場所によって材質や色柄が細かく区別されています。日本に洋服文化が広まって、まだ100年にもなりません。歴史が浅い分だけ、日本人は洋服の決まり事にはまだまだ鈍感のようです。

コミュニケーション学では、外見や服装、色彩、化粧などは、「体物表現」と呼ばれる大切な非言語メッセージです。自分の服装は、相手に対して自分を表現している一つのメッセージなのですから、常に注意していなければいけません。

しかし、自分たちだけでは気づかないその国独特の「体物表現」が存在する場合もあります。

日本に来日して初めての冬を過ごす外国人が「日本人は変だ」と一様に口を揃えて言うものがあります。

その一つは、真冬になると通勤電車で急増する白いマスク姿です。老若男女、白いマスクで口全体を覆っています。特に、イギリス、フランス、ドイツなど、ヨーロッパから来た人たちには、この光景は不気味に見えるようです。

彼らから見ると、白いマスクは「伝染病患者の印」だそうで、マスクの人には近寄りたくないそうです。冬に来日したフランス人の団体観光客が、国内便の機内で日本人のほとんどが白いマスクをかけているのを見て、飛行機を変えてくれと大騒ぎしたという話も実際にありました。

マスクをする理由を、「風邪の予防と、風邪を引いた人がくしゃみや咳で他人にウィルスを移さないよう配慮しているため」と説明するのですが、薄いマスクはウィルス対策としては非科学的で、宗教的な儀式やおまじないのようなものに見えると言われます。

変だと言われるもう一つは、子供の半ズボン姿です。小学校では、男の子は制服も体育の時間に着る体操着も、冬でも半ズボンが一般的です。特に南米から日本に来た人たちは、冬に半ズボン姿で遊んでいる子供たちを見て、「日本人の親はひどい。ちゃんと面倒を見

おりますっ!
おろして
くださいっ
お客さまっ
当機は もう
飛び立って
おります~

ないから子供がかわいそうだ」と思うようです。

日本人の保育士から聞いた話では、逆に、南米から来た親は、子供に厚着をさせ過ぎて子供が着ぶくれていると言います。

日本には昔から、「子どもは風の子」という表現があり、子供は薄着で元気よく外で遊ぶものだと考えられています。したがって、エネルギー溢れる子供に厚着をさせるのは、良くないとされているのです。

白いマスクと子供の半ズボン。日本人にとっては当たり前のことも、外国人の目には奇異なものとして映るようです。

結婚式は葬式？

厳粛にとり行われる日本の結婚式は、外国人から見ると、めでたいものには映らず、まるで葬式のように見えるのだとか。

短期滞在型のヨーロッパからのビジネスパーソンたちと、週末、明治神宮に行くことがあります。その日が大安だと、お宮参りの家族や結婚式を挙げる新郎新婦の姿が見られ、日本の伝統的な冠婚葬祭の一部を現実場面で味わってもらえるからです。

そこでいつも問題になるのが、挙式を終えて境内を行列する新郎新婦と親族の表情です。全員が硬い表情でうつむき加減に行進する姿に、外国人たちはカメラを構えながらも、声をひそめて「これは葬式ですか？」と私に聞いてくるのです。

彼らは疑問に思うのです。

「結婚式ならうれしいはず。もっと笑顔で行進するだろう。それにしても親族も気難しい顔して。それにあの黒い着物は葬式のコスチュームに違いない」と。

そこで、厳かな式には歯を見せて笑ったりしないこと、儀式はフォーマリティを要求されるので厳粛であること、その代り、式の後の披露宴ではくだけていることなどを説明することになります。

ヨーロッパでは、黒は葬式の服装であるため、新郎の黒紋付き袴姿は葬式のカラーに見えるのです。特に、参列者の日本人男性の黒の略礼服に白いネクタイという出で立ちは、葬式の服装以外の何物でもないのです。

洋服文化では、本来、フォーマルな場でのドレスコード（服装の制限や指定のこと）は、時間帯や場面によって厳格です。

しかし、洋装になってからの歴史が浅い日本では、国際的には必ずしも通用しない独自の取り入れ方が見られます。略礼服を黒と白のネクタイで着回すという今の風潮は１９６０年代の「生活簡素化運動」を背景に、紳士服メーカーが打ち出した産物なのです。

夜間と特別な昼間の正儀の第一正装である燕尾服のことを、「ホワイトタイ」と呼びます。略礼服の白ネクタイは、ここから採られたようですが、燕尾服の「ホワイトタイ」は、実はシルバーグレーの蝶ネクタイなのです。ちなみに、夜間の準礼装・タキシードのこと

「結婚は人生の墓場」ですから・・・
あ〜やっぱりお葬式なんですね!!

をドレスコードで「ブラックタイ」と呼びます。この「ブラックタイ」から略礼服の黒ネクタイが採られたようですが、「ブラックタイ」は黒の蝶ネクタイなのです。

略礼服に黒ネクタイで喪服に、同じ礼服に白ネクタイで祝宴にといった区別や、冠婚葬祭に略礼服を着用するという昨今の習慣は、日本独自のもので、他の国にはありません。さらに、親族の女性が来ている黒留袖も、彼らには喪服にしか見えません。たとえばポルトガルのナザレでは、未亡人になると生涯黒ずくめの服装になる習慣が残っていたりします。

パスポートは別として、プロフィールの顔写真を見ても、日本人で笑顔の写真は稀にしか見られません。ヨーロッパの人たちの場合は、口角を上げて笑顔で写っているか、歯を見せて笑っているかです。

そのような国の人たちから見ると、黒か白ずくめで、硬い表情で行進している日本人の結婚式風景は、とてもめでたいものには映らないのです。

祝儀と香典は「義理チョコ」と同じ？

義理を重んじて包む祝儀や香典、そして香典返しなどの習慣は、外国人から見ると心をないがしろにしているように感じられる。

アメリカ人女性のサンディさんは、日本人男性と結婚して横浜に住んでいます。サンディさんにとって、日本人とのつき合いで一番びっくりしたことは、結婚式の祝儀と葬式の香典だそうです。アメリカにはどちらもない習慣だからです。

サンディさんが驚いたのは、お金を包む習慣そのものだけではありません。結婚式の祝儀が信じられないくらい高額で、出席者たちが式に招待されても喜ぶどころか、「お金がかかる」と陰で愚痴をこぼしつつ、いやいや出席するケースが少なくないということです。

また、結婚式でも葬式でも、出席する前に一緒に参列する友人や同僚と同じ金額になるように相談し合うのを見るにつけ、「お祝いもお悔やみも心からではなく、義理でしぶしぶ、周りからどう思われるかを気にしながらしている」と、虚しい気持ちになるようです。
サンディさんと同じように、日本人男性と結婚している中国人女性や韓国人女性も、日本の結婚式と葬式の贈答習慣には、いつまでたっても違和感が拭ぐえないと言います。日本のように、農耕を相互に助け合いながら営んできた共同体では、共に喜び共に悲しむことを重んじ、出費を助け合うという意味合いも込めて、祝儀や香典を出すようになりました。

結婚式に祝儀を、葬式に香典を出す習慣は日本だけではなく、中国や韓国、タイ、マレーシア、インドネシアなどにもあるようです。しかし、それらの国の人でも理解しがたいのは、香典や病気見舞いの「半返し」だそうです。

「不幸があって大変だと思うからこそお金を出すのに、わざわざ半分返すなんて理屈に合わない」と強く思うそうです。

この「半返し」も、出費を助け合う気持ちで相手がしてくれた行為に対し、半分だけ受け取り、相手の出費が少なくて済むようにこちらも気遣ってお返しする、という日本独自の風習です。

死後49日経つと、その遺族から香典返しが送られてきますが、最近では品物が選べるように、分厚いギフトカタログが送られてくることが多くなりました。そういうカタログが送られてくるたびに、「なんてばかばかしい習慣だ」とうんざりする外国人が実はとても多いのです。

ちなみに、バレンタインデーに、「愛」ではなく「義理」で会社の上司などに贈る「義理チョコ」の存在にも、心をないがしろにして義理を重んじる日本社会の縮図を彼女らは感じているようです。

遺骨と遺品は故人の証し

遺骨や遺品に強くこだわる日本人と、そうでない欧米人では死についてのとらえ方もまったく違う。日本独特の死生観を理解するのは難しい。


クリスチャンであるアメリカ人ジョンさんは日本人女性と結婚し、日本に住んで10年になります。日本文化を愛し、日本の生活習慣にもすっかり馴染んでいるのですが、先日、今までに味わったことがないほど大きなカルチャーショックを体験しました。

それは、奥さんの父親が亡くなったときのことです。ジョンさんは、火葬場で生まれて初めて人骨を目にしただけでなく、遺族として父親の骨を拾う「骨上げ」をしたのです。

それまでに通夜や葬式に参列した経験は何度かありましたし、日本では火葬が一般的であることも知識としては知ってはいました。しかし、つい数時間前まで棺に眠っていたはずの義父が、骨となって出てきたところを直視し、まだ熱い骨を拾うことは、あまりにも生々しく、逃げ出したくなるほどの抵抗を覚えたと言います。

アメリカでは8割が土葬です。アメリカ人のジョンさんにとって、焼かれて骨になった義父との対面は、義父への冒涜（ぼうとく）と感じ、遺族に骨を拾わせることも残酷過ぎると感じたのです。

ヨーロッパでも、かつては土葬が大半でした。クリスチャンには復活信仰があるからです。しかし、1963年にパウロ6世が火葬を認めて以来、ヨーロッパでも火葬が増えました。

たとえば、イギリスやスウェーデンでは8割が火葬です。北米でも、カナダでは5割が火葬だそうです。ただ、欧米での火葬は、日本より高温で焼くので、骨の形は残らず、遺灰になります。また、遺体を火葬場に預け、遺灰を取りに行くのは数日後で、遺族は美しい壺に収められた遺灰を受け取るようです。日本でも、最近では、墓に納骨するだけでなく、粉砕した遺灰でペンダントや指輪を作り、個人を偲んだりする人が増えています。

驚くことに、スウェーデンでは、遺灰の引き取りを望まない遺族が4割もいるのだそうです。また、インドや他国のヒンディーは、火葬し、そのまま川や海に流しますから、墓というものは存在しません。こういう国々では、故人を偲ぶのに、「故人の証し」になるものは必要ないようです。

一方、日本人は、遺骨や遺品に強くこだわる傾向があると言われています。船が沈没した場合、乗っていた人の生存の可能性がゼロであっても、その家族は遺体や遺品の捜索を強く望みます。遺骨に死者の魂を見出し、遺骨や遺品という目に見える物があることで、死後も共にいると感じることができるからでしょう。

終戦から60年以上経っていても、帰還しなかった人の遺骨が戻ってきたことで、家族はようやく死を受け入れます。このような日本人の感覚は、欧米の人たちには理解しがたいようです。

こういった遺骨、遺品への感覚の違いは、時として問題になります。数年前、ダイバーたちの憧れの地であるミクロネシアのトラック環礁をめぐって、論議が巻き起こりました。トラック環礁では、戦時中、米軍の空襲で日本艦船43隻が撃沈し、日本兵の遺骨の一部が引き上げられないまま残っています。それが欧米人のダイバーたちの間で観光化され、地元の案内人が沈んだ船から引き揚げた遺骨を並べて見せ、チップを得ている、というのです。

これが新聞で報じられると、日本人は怒りの声を上げました。

「遺骨を見せ物にするとは何事か」と。

死者や遺骨に対するとらえ方の違いは、それぞれの国の死生観に基づくもの。欧米人が日本人の独特の死生観を理解するのは難しいようです。

あとがき

「国際交流3つのF」というものがあります。

「F」は英語の単語の頭文字で、fashion（服装）、food（食べ物）、festival（祭り）です。国際交流というと、この3つのFを押さえればいいとされてきました。

確かに、外国人に着物や浴衣を着せ、寿司や天ぷらを一緒に作り、神輿をかついだり太鼓を叩いたりしてもらえば、彼らは「日本らしさ」を味わい、喜びました。私たちも、外国に行けば、この3つのFを体験したいと願い、エキゾチズムを味わいます。それで、その国を知ったような気分になります。こういった目に見える「違い」は、誰にでもわかりやすく、違うからこそ、一時的な体験として率先して触れてみたいと思うものです。

本当に厄介なのは、そこからもう一歩踏み込んで、日常レベルでのつき合いを始めたときにわかる「違い」です。日本人と外国人の間には、思ってもみない落とし穴がそこかしこにあり、互いに、心の中では「おかしい」と思っていても、直接相手に聞きにくかったり言いにくかったりしてしまう……その「あれ？」が、コミュニケーション上、大きなズレや誤解を引き起こします。

そんな誤解の一例を、本書でご紹介いたしました。「あ、そうだったんだ」、「へえ、そうなんだ」と思っていただけたら幸いです。

本書は、前著『優しい日本語』が発行になった段階で、編集を担当してくださった鈴木実氏が企画を立ててくださいました。前著に引き続き、鈴木氏には大変お世話になりました。厚く御礼申し上げます。

また、本書に収めたいくつかは、(株) アルクの『日本語ジャーナル』に連載した「日本語学習を支える異文化コミュニケーションガイド」と、(社) 静岡県出版文化会の『ファミリス』に連載した原稿を加筆修正したものです。

「異文化コミュニケーションガイド」の連載企画を立ててくださった西岡暉純『日本語ジャーナル』編集長 (当時)、転用をご快諾くださった新城宏治日本語マルチリンガル事業部長と山田敦嗣『ファミリス』代表に、この場をお借りして御礼申し上げます。

最後に、前著に引き続き、温かいイラストを描いてくださった宇田川のり子氏と、草稿に目を通し、貴重な助言をくださった友人の浅野陽子氏の友情に、心から感謝の意を表します。ありがとうございました。

2008年9月　清　ルミ

清 ルミ　（せい　るみ）
●専門分野　異文化コミュニケーション学、日本語教育学
●略歴　常葉学園大学外国語学部グローバルコミュニケーション学科教授
放送大学客員教授、経済産業省・EU委合同プログラム（欧州ビジネスエグゼクティブ対象）日本言語文化研修責任者を兼職。名古屋大学大学院国際言語文化研究科博士課程修了。博士（文学）。米国国務省日本語研修所教官、早稲田大学講師などを経て現職。2004～2006年、ＮＨＫ教育テレビ日本語講座「新にほんごでくらそう」の講師をつとめる。外交官、ビジネスマンの日本言語文化教育、日本人のコミュニケーション教育、人材育成、教師再教育などにも携わる。政府機関招聘などによる国内外での講演多数。
●著書『Crash Course Japanese for Business』『創造的授業の発想と着眼点』（以上アルク）『コミュニケーション教育の現状と課題』（英潮社・共著）『異文化コミュニケーション研究法』（有斐閣・共著）『講座日本語教育学第4巻　言語学習の支援』（スリーエーネットワーク・共著）『敬語表現教育の方法』（大修館書店・共著）『漫画異文化手習い帳日本語で紡ぐコミュニケーション』（文化庁・共著）『優しい日本語―英語にできない「おかげさま」のこころ』（太陽出版）など

ナイフとフォークで冷奴
外国人には理解できない日本人の流儀

2008年10月30日　初版第1刷発行

著者　清 ルミ
イラスト　宇田川のり子
装幀　津嶋デザイン事務所　津嶋佐代子
発行者　籠宮良治
発行所　太陽出版　〒113-0033　東京都文京区本郷4-1-14
電話　03-3814-0471
FAX　03-3814-2366
http://www.taiyoshuppan.net/
印刷　壮光舎印刷株式会社
有限会社井上製本所

ISBN 978-4-88469-593-4